大夏书系·语文之道

高中语文新课创意解读与教学设计

刘祥 著

华东师范大学出版社

全国百佳图书出版单位

·上海·

图书在版编目（CIP）数据

高中语文新课创意解读与教学设计 / 刘祥著. —上海：华东师范大学出版社，2022

ISBN 978 - 7 - 5760 - 3057 - 0

I.① 高 ... Ⅱ.① 刘 ... Ⅲ.① 中学读文课—教学设计—高中 Ⅳ.① G633.302

中国版本图书馆 CIP 数据核字（2022）第 125001 号

大夏书系·语文之道

高中语文新课创意解读与教学设计

著　　者	刘　祥
策划编辑	卢风保
责任编辑	韩贝多
责任校对	杨　坤
封面设计	奇文云海·设计顾问

出版发行　华东师范大学出版社
社　　址　上海市中山北路 3663 号　邮编　200062
网　　址　www.ecnupress.com.cn
电　　话　021 - 60821666　行政传真　021 - 62572105
客服电话　021 - 62865537
邮购电话　021 - 62869887　地址　上海市中山北路 3663 号华东师范大学校内先锋路口
网　　店　http://hdsdcbs.tmall.com

印 刷 者　北京季蜂印刷有限公司
开　　本　700×1000　16 开
插　　页　2
印　　张　15.5
字　　数　222 千字
版　　次　2022 年 9 月第一版
印　　次　2022 年 9 月第一次
印　　数　6 100
书　　号　ISBN 978 - 7 - 5760 - 3057 - 0
定　　价　59.80 元

出 版 人　王　焰

（如发现本版图书有印订质量问题，请寄回本社市场部调换或电话 021-62865537 联系）

目 录
contents

前　言

　　本书所定义的"新课"，指向第一次出现在教科书中的新面孔，如《喜看稻菽千重浪》《插秧歌》《青蒿素：人类征服疾病的一小步》；也指向一部分曾经活跃于语文教科书，此后隐迹多年现在又重现于语文江湖的传统文本，如《反对党八股》《说"木叶"》；还指向那些一直以独立文本的身份存在于既往的教材中，此次却与其他文本"强制整合"，成为"一课多篇"中的课文组件的经典课文，如《故都的秋》《荷塘月色》。

　　另外，"新课"之"新"，也只是立足于我所在地区使用了十几年的"苏教版"高中语文教材。本书中收录的《百合花》等课文，可能一直存在于"人教版"或者其他版本的教科书中。对使用其他教材的语文同行而言，这样的课文或许只是"故旧"，并非"新知"。

　　好在这些课文现在都有了一个"新番号"——统编版。"番号"的改变，必然意味着旗帜下的所有成员的身份属性的改变。课文或许还是那篇课文，但其置身的学习单元已不同既往，承载的学习任务亦出现重大变化。从这一点而言，即使我为此套教材中的每一篇课文都贴上"新课"的标签，在学理上也勉强说得过去。

　　有学者说，此套统编版高中语文教材的最大特点，是彻底颠覆了大多数语文教师数年甚至数十年积攒的那点儿教学经验，使语文教师陷入群体性茫然无措甚至惊惶不安之中。如果说整本书阅读教学和群文阅读教学尚且可以凭借老经验、老方法而勉强应付，"家乡文化活动""信息时代的语文生活"等主题性学习活动则完全不知该从何处下手，更不清楚此种学习内容对学生的当下应试需要和未来终身发展需要会构成什么样的影响。在现实的教学情境下，确实有为数不少的语文教师，只教教材中那些"好教"的"旧课文"，对这些新增教学内容则"选择性无视"。

平心而论，我也不知道统编版必修教材中的两个"学习活动"单元该如何设计其教学情境、教学任务和具体的教学活动方式。我在写作这部作品时，也是故意避开了这两个难点，同时避开的还有两个"整本书阅读"主题单元。避开后者的原因，一是我在2020年组织工作室的教师编写出版了《中学整本书阅读教学设计》，其中收录了工作室纪燕老师撰写的《红楼梦》整本书阅读分课时教学设计；二是有关《乡土中国》的整本书阅读教学设计已有多位名师出版专著或论文。我自忖很难超越他们已然达到的认知高度，干脆偷个懒，不浪费这个脑筋，有需要的读者朋友自可去实体书店或网络书店购买一本慢慢研读。

我在这部作品中，主要研究什么内容呢？或者说，我试图借助这部作品，给我的天南海北的语文同行们提供点什么样的参考性教学建议呢？我认为只有两个核心概念：任务，活动。任务是"任务群"教学中的任务，活动是特定学习情境下指向具体学习任务的活动。

一、"任务"的确立与"群"的建构

众所周知，新一轮课程改革把"任务群"教学推到了教学实践的最前沿，但"任务群"教学具体该如何操作，绝大多数语文同行都还处于摸索阶段。面对此种新生事物，不同的教学实践者从各自的思考与认知出发，进行了各种形式的探究，也形成了形式众多的教学案例。然而，大多数的案例缺乏经得住推敲的课程依据，甚至丢弃了"语文"这一根本。比如，在既有教材之外另选若干篇文章，依照随意设置的主题组合成群，用以引导学生探究该主题的价值意义，而不是探究如何形象生动或者合乎逻辑地表现此种价值意义。这样的"任务群"教学，完成的往往是伦理道德或情感的建构任务，而非"语言建构与运用、思维发展与提升、审美鉴赏与创造、文化传承与理解"这一语文学科核心素养的建构任务。

正是基于现阶段高中语文"任务群"教学中的"任务"迷失,我认为有必要厘清一些基本性的概念与方法,让"任务群"教学切实发挥应有的育人效能;也有必要亲自尝一尝"梨子"的滋味,以这一轮课程改革的实践载体——统编版高中语文必修教材为例,认认真真琢磨每一篇课文,既丈量它们的课程宽度,又琢磨教学过程中应有的课堂温度和思考深度。

我认为,"任务群"教学中最先需要解决的是"任务"与"群"的关系定位。理论上而言,建"群"是为了完成特定的学习任务。"群"是学习的载体,"任务"才是指向语文课程建设和教材价值最大化的学习内容。但在实际教学中,受语文教材文选式结构的制约,当若干篇非连续性的文本被组合为一个特定的群组时,其"任务"并非一览无余地呈现给学习者,而是各种信息交错缠绕,似乎从任意一个视角下都能生成出某些有价值的学习任务,且这些任务都能对学生的当下成长与未来发展形成一定的影响。这便必然带来一种教学行为上的混乱:"任务群"教学中,"任务"成了可以随意确立的配角,"群"成了主角。

真正意义上的"任务群"学习当然不是这样,"任务群"学习的本质在于依照特定的、成体系的学习任务而组群。"群"不是文章与文章的拼盘,而是此任务与彼任务间的协作与共建。《普通高中语文课程标准(2017 年版)》在界定"任务群"这一概念时,就明确指出:"语文学习任务群以任务为导向,以学习项目为载体,整合学习情境、学习内容、学习方法和学习资源,引导学生在运用语言的过程中提升语文素养。"[①] 该定义首先强调"以任务为导向",然后主张"以学习项目为载体",便是规范了"任务"与"群"之间的目标与内容的主次关系。

例如,《普通高中语文课程标准(2017 年版)》围绕"语言建构与运用、思维发展与提升、审美鉴赏与创造、文化传承与理解"设定 18 个学习任务群时,这 18 个群的共同性学习任务,只能是四大核心素养。至于

---

① 中华人民共和国教育部. 普通高中语文课程标准(2017 年版)[S]. 北京:人民教育出版社,2017:1–47.

其中的"语言积累、梳理与探究""实用性阅读与交流""汉字汉语专题研讨""跨媒介阅读与交流",不过是"语言建构与运用"这一"任务"的学习项目,即课程载体。同理,"文学阅读与写作""整本书阅读与研讨""中国现当代作家作品研习""外国作家作品研习""中国现当代作家作品专题研讨"不过是"审美鉴赏与创造"这一"任务"的课程载体。从《普通高中语文课程标准(2017年版)》的设定而言,必须是先有宏观性质的课程标准,后有落实此标准的具体化学习项目。至于依照这些学习项目而编订的"小群"——具体教科书、具体教学单元和具体的一篇篇课文,其地位则又低于这18个大群。

二、"大群"的价值定位与"小群"的目标分解

"任务群"之"任务"并非无穷无尽,而是需要依凭特定的文本载体和特定的学习课时分解为不同层级的子任务。一个学习"任务群"便如一棵枝繁叶茂的大树,主干上生出几个主枝杈,主枝杈又各自生出若干个分枝杈,分枝杈又生出更细更小的枝杈……至于文本,只是为这棵任务之树提供成长之需的土壤、水分、阳光等"他物",而非"树"——"任务"本身。

如此,18个"任务群"便是18棵大树,这18棵大树生长在一起,构成了名为"高中语文"的小树林。这片小树林又紧邻着"初中语文"的小树林,"初中语文"的小树林又紧邻着"小学语文"的小树林。如此不断汇集,便构成了"语文"的森林。

18个"大群"的宏观教学价值不难确立,绝大多数的一线教师只需依照课程设计者预设的任务循序渐进地落实。真正的难点在于"小群"的任务分解,群的层级越低,教学任务越容易出现偏离。这便如同一棵树的树根,很难控制一片树叶的摇动。

比如,由"审美鉴赏与创造"这一"大群"而分解出的"中国现当代作家作品研习",其任务定位注定以培养学生的审美鉴赏能力与发现创造

能力为核心。此任务中的"审美鉴赏与创造",必须始终围绕"中国现当代作家作品"这一载体而展开,着力于引导学生通过具体的文本了解并掌握对"中国现当代作家作品"的鉴赏技能,并在此基础上培养结合当下现实生活来创造性理解文本内容、感知文本价值意义的能力。该"任务群"的学习任务,必须体现出与"中国古代作家作品""外国作家作品研习"的差异,否则便无需细分。而将"中国现当代作家作品"再作分解时,则现有必修教材与选修教材中的所有中国现当代作家作品又都必须在该"群任务"的管辖下,继续分解出新的成体系的小"群任务"。如此层层分解至具体的课时学习"任务群"时,则无论该"任务群"选择的是一位现当代作家的系列化作品,还是不同风格的现当代作家的同一体裁的作品,或者是同一风格的现当代作家的不同体裁的作品,其"群任务"都绝不是一种独立的存在,而是整个大群的网络体系中不可缺少的一个部件。此部件不但要拥有鲜明的"小群"的载体特征,而且要体现与逐层分解出的若干"小群"间彼此独立却又互为联系的体系化任务特征。

当下"任务群"阅读教学中最大的问题正在于此。大多数的一线教师缺乏"任务群"阅读教学的体系化建构意识,习惯于"只见树叶不见树",仅依据自身的感性阅读体验而随意界定相关群文的学习任务,致使课堂教学或是不断出现"任务"叠加,或是不断出现"任务"隔断,或是不断出现"任务"游离,无法构建完整的审美鉴赏认知体系与创造性能力体系。

三、"互文性阅读"与"单元式教学"

"任务群"教学中的"大群群主",绝大多数为教材编写者。以现行统编高中语文教材为例,其18个"任务群"的建构以及每个"任务群"中的单元组建与意义确立,都由教材编写者依照预设的课程知识体系或能力培养体系而设定,各单元分别承担不同的主题感知任务和能力养成任务。此种"指定型群主"大多具有多年的教材编写经验,对课程论也拥有一定程度的理解,对课程编写中的国家意志领悟相对透彻。

也有一些语文教师偏好于自己担任"群主"。此种"自封型群主"，往往热衷于在既有教材之外重新选择相应的一组文章，构建起在主题意义、文体特征或时代背景等方面具有"互见"特性的"互文性阅读"模式。从示范教学的角度而言，这样的"任务群"教学往往因为选文内容的视角多元而获得同行的青睐，被当作一种难得的教学创意。而从学生学习的角度而言，却常常体现为对体系化教学内容的人为隔断，以局部的精彩侵损了整体的完整。

有能力在国家课程之外重构一套合乎教育教学规律、顺应学生成长需要和时代发展需要的自主化课程的教师或许有，但绝非多数。99.99%的一线教师并不具有完整建构一套语文课程的才华。因而当下高中语文"任务群"的教学中无论是"群"的组建还是"任务"的确立，均应以统编教科书为最主要的教学载体。需要强调的是，统编教科书在单元组建上虽然还是采用文选式结构形式，但引导学生学习单篇文本时绝不能只作孤立的鉴赏探究，而是要立足整个单元的教学任务，将同一单元的四五篇文章彻底打通，使每一个独立文本都充当起特定教学任务的"样本"或者"用件"，而非全部用作"定篇"或"例文"。①

例如，当我们面对《故都的秋》《荷塘月色》这一学习"任务群"时，首先需要关注的只能是两篇文章中的共性化教学内容，而非其鲜明的个性化情感或个性化表达方式。教师和学生均不必将两篇文章揉碎了细细品读，而是要用两篇文章中相关知识信息的相互支撑，完成教材编写者为其预设的特定学习任务，比如探究同一时期不同审美倾向和人生思考背后折射出的共性化民族审美传统。

以这两篇文章为"任务群"教学的载体时，每篇课文均安排三至四个课时进行地毯式知识信息梳理显然毫无必要。基于"任务群"阅读教学的模式，应该是先依照上一层级的群任务而渐次分解出该单元的群任务和具体各课时的学习任务，然后依照不同的任务组织不同的学习活动。

---

① 王荣生.语文科课程论基础［M］.北京：教育科学出版社，2014：295-345.

由现行统编版高一语文必修上册第七单元的"单元说明""单元学习任务"可知，该单元的群学习任务为：

1. 通过作品对自然的描写反观自然，提升对自然美的感悟力。

2. 体会写景抒情背后的民族审美心理，提升文学欣赏品位。

3. 研习不同作品在自然景物描写和人生思考表达上的相关手法，鉴赏作品的文辞之美。

以这三个学习任务安排该单元的学习内容时，应该采用的任务群阅读教学模式为：在通读两篇作品的基础上，首先探究两篇课文在景物选择与描绘中呈现出的各具特色的艺术手法，其次品读藏在景物背后的各具特色的情感，最后挖掘个性化情感体验中传递出的审美倾向和人生思考。

四、"基于应试的任务"与"基于生命成长的任务"

界定"任务群"阅读教学的"任务"时，短时间内还存在着一个绕不过去的坎——应试。理论上而言，应试能力包含于生命成长所需的诸多能力之中，与生命成长并无冲突。事实上，高中阶段为数众多的教学活动，普遍性存在片面追求应试技能的认知偏差。凡与应试无关的知识或技能，一概被剥离出常态性的学习活动。

鉴于此种现实，当下的高中语文"任务群"阅读教学实践便必然需要正确区分小标题中的两个概念，将"基于应试的任务"纳入"基于生命成长的任务"体系，让核心素养真正落实到每一课时的学习活动全过程。

依旧以《故都的秋》《荷塘月色》学习"任务群"的教学为例，前文概括的三个"群任务"落实到具体的教学活动时，如果教师能够在提前布置学习任务之后，把学习的主动权完全交给学生，让他们课余或者课堂上查阅各种解读文章，主动了解各任务中包含的相关知识信息，再通过自主学习和个性化思考形成相关的价值认知，然后利用合作探究的方式交流各自的学习成果，最后经由教师的点拨、开启形成新的认知，发现新的问题，形成新的探究欲望与行动，则这样的任务群阅读教学便属于有效落实了"基于生命成长的任务"的教学目标。如果教师只是把上述三个"群任务"依照高考文学作品阅读命题的方式转化为三个具体的试题，再把历年高考中类似的题目一一列举出来，供学生比较分析，提炼答题的得分点，归结答题的步骤，研究如何避免丢分，则这样的"任务群"阅读教学所追求的，便只是完成"基于应试的任务"。

日常的教学实践中，只完成"基于应试的任务"的"任务群"教学行为通常不但不被同行们批评，反而会被认定为简约高效。其教学用时更少，目标指向更明确，方法更具体，短时间内的收益也或许更明显。此种"短平快"更容易获得功利化评价方式的认同。也正因为如此，在所谓的家常课中，此种"任务群"教学方式被广泛采用。只有在需要某种特定光环包裹的公开课上，授课者才会尽量寻觅不同的教学活动方式，偶尔落实"基于生命成长的任务"。

问题的关键在于，只完成"基于应试的任务"的"任务群"教学真的"高效"？仅从每一年的高考各小题的得分情况看，得分率最低的几道题目都是阅读鉴赏类试题。不是因为考生这方面的题目做得少，而是他们缺乏读懂一篇文本的必要能力。也就是说，绝大多数考生在高中阶段的学习过程中，普遍性缺乏"基于生命成长需要"的"审美鉴赏与创造"能力的体系化训练，极少甚至从未开展过基于特定学习任务的自主性群文阅读探究活动。如此，就算每天都在研究应试技巧，也无法真正获取成功。

五、单文本中的"任务群"建构

在"任务群阅读教学"风生水起的大环境下，单文本教学还有生命力吗？

回答此问题之前，需要先纠正一个认知偏差：单文本无法构建"任务群"。正如前面的分析所言，文本只是落实"群任务"的客观载体，此载体可以是几本书，可以是一册课本，可以是一个主题单元或知识单元，可以是几篇不同主题、不同文体的文章，也可以是一篇独立文本（单文本），条件是只要此独立文本具备依照某个特定学习任务而组群的内容要素。

以《促织》的教学为例。只将《促织》视作《聊斋志异》中的一个玄幻故事而开展常态化学习活动时，很多教师习惯于先介绍蒲松龄与《聊斋志异》，再介绍中国古典小说的发展简史，然后介绍当代文化名人对蒲松龄及《聊斋志异》的各种分析评价，最后才研究《促织》这个文本。而在研究《促织》时，也无外乎一是抓行文线索，依照线索归结出故事中的主要矛盾冲突；二是简要分析小说中相关人物的形象特征；三是鉴赏作品中的几处细节。此种教学设计，与"任务群"教学无关。

以《促织》为特定的"群"载体，该如何设定单文本内部的"任务群"呢？不妨作这样的预设——

1. 以作品中不同人物在相同情境下的言行为特定载体，组建"人物群像鉴赏"学习任务群。

2. 以作品中相关内容在不同版本中的差异为载体，组建"情节比照阅读"学习任务群。

3. 以作品的原型故事和具体内容为载体，组建"情节设计与主题表达"学习任务群。

依照此三种学习任务群而设定《促织》的学习任务、设计《促织》学习过程中的具体活动时，便应该注意，每一种任务群都指向《促织》的多方面内容。比如任务群1就涉及成名的迂讷、成名妻子的有主见、里胥的狡黠、令尹的自私与残暴等。将这些内容从课文的各段落中抽取出来，组合成一个临时性的学习任务群，则该任务群中不但包含了正面描写、侧面描写等人物形象塑造方法，而且包括了如何借助人物性格与活动推进故事情节的发展，营造矛盾冲突、深化主题意义等语文知识。教师只要在教学中依照此种"任务群"组织学生利用文本和网络资源展开自主分析探究，其收获的知识、养成的能力并不少于对三五篇微型小说的群文阅读。

同样的道理，预设的任务群2和任务群3，也都完全可以借助精心设计的"群"学习资源和"群"任务活动而完成相关探究任务。

需要强调的是，依托单一的文本而构建学习"任务群"时，此单一文本必须容量大，形象众多，情节复杂，内涵丰厚，意蕴深远。较小篇幅的文本必须和其他文本一起组合成群，才有资格充当特定学习任务的"群载体"。是否能够依照特定的学习任务而筛选出组合成群的集团性信息，是决定单一文本可否落实"任务群"阅读教学的关键因素。

第1讲　浪漫之力与理性之光
——《立在地球边上放号》创意解读与教学设计

课程定位

　　《立在地球边上放号》是统编版高中语文必修上册第一单元第二课选录的第一首必读诗歌。第二课的另一首必读诗歌为闻一多的《红烛》，另两首自读诗歌为昌耀的《峨日朵雪峰之侧》和雪莱的《致云雀》。

　　作为升入高中后接触的第一个主题单元，教材编写者立足于"立德树人"的根本任务，将该单元的主题确立为"青春"，旨在引导刚刚踏入高中大门的青少年"怀着美好的梦想、纯真的感情，带着对自我的认识、对社会的思考和对理想的追求"，迈好步入青春的第一步。

　　教材编写者为本单元设定的学习任务，是"从'青春的价值'角度思考作品的意蕴"，要求"理解诗歌运用意象抒发感情的手法，把握小说叙事和抒情的特点，体会诗歌和小说的独特魅力；学习从语言、形象、情感等不同角度欣赏作品，获得审美体验；尝试写作诗歌"。

　　将该任务与《立在地球边上放号》相结合，则该课的学习任务可分解为"诗歌内容鉴赏""诗歌意蕴探究""诗歌抒情手法探究"和"尝试写作诗歌"四项。其中，引导学生读懂诗歌是学习的关键。

文本解读

一、细读文本，感知重点

《立在地球边上放号》大约创作于 1919 年 9—10 月间，由七个诗句构成。从表面上看，诗歌抓住天空、白云、北冰洋、太平洋等宏阔意象而写景状物，描绘了大洋之中洪涛奔涌的雄壮景象，讴歌了大自然的神奇伟力。实际上则是以大洋的奔腾汹涌象征当时中华大地之上狂飙突进的时代潮流。此种潮流以摧枯拉朽之势冲击着旧世界、旧文化、旧传统和旧秩序，推动着古老的中国朝向全新的思想、文化、制度快步迈进。

诗歌的题目"立在地球边上放号"为全诗之眼。主体部分的七个诗句，皆统辖于"放号"这一动作行为。"放号"即"吹号"。在郭沫若的家乡四川乐山一带的方言中，"放号"的意蕴比"吹号"丰富，"吹号"只是一个客观的动作行为，"放号"则是在动作行为之外，另有一种豪迈的气势，蕴含着号声朝向四面八方飘扬而去的穿透力。

"立在地球边上"也值得咀嚼玩味。比较"立在地球边上"和"站在地球边上"，可发现"立"具有行动上的主动性，富于动态感。古诗词中的"独立小桥风满袖""落花人独立"等，都不能替换为"站"。唯有"立"，才能尽显抒情主人公的潇洒或落寞。当然，与"独立小桥"或独立花前相比，"立在地球边上"既具有一份豪壮，又拥有少许失落。以一个体生命而与地球比肩，自是豪情万丈；只能立身于边上，而不能置身于其中，则又有了局外人的些微落寞。

创作这首诗歌时，郭沫若正在日本留学。郭沫若于 1913 年底离开中国，1914 年初抵达日本东京，考入东京第一高等学校预科。1915 年升入冈山第六高等学校。1918 年毕业后考入福冈九州帝国大学医科。1919 年的五四运动前后，身处日本的郭沫若感动于国内新文化运动带来的新气象，以极大的创作热情开始了井喷式的诗歌创作，不到一年的时间内，创作出 40 余首新体诗歌，著名的有《凤凰涅槃》《地球，我的母亲》《匪徒颂》等。这些诗歌虽彰显了强烈的五四精神，但诗人始终也只是作为旁观者、吹号者、呐喊者的身份出现在诗作的意象与情感的背后。

诗歌的首句"无数的白云正在空中怒涌"貌似写实而实则写虚。白云"怒涌"属于反常识的表达。现实生活中，"云白"必然伴随着"天蓝"和"风轻"。无数的云在"空中怒涌"的景象，或许只出现在强台风到达前的天际间，但那时的云只会是乌云。天空中当然也会出现"无数的白云"，但那时的气候一定颇为温顺，白云只是攒聚、堆叠、变幻，不会"怒涌"。

诗歌从来都不是现实生活的情景实录。诗人愿意让无数的白云"在空中怒涌"，愿用这样的景象来传递内心的情感，他便有绝对的权利和自由去如此表达。为何要让"白云""怒涌"而不是"乌云""怒涌"呢？或许诗人仅只是认为此句中的云象征着积极的、进步的力量，应该具有洁白的品质。这一句，诗人真正想要表达的，是变革力量的汇集以及由此而形成的巨大气势。

第二句"啊啊！好幅壮丽的北冰洋的情景哟"依旧属于想象之景。如果以当下的诗歌创作主张为评价标准品味此句，则会发现其内容较为空洞，情感缺少载体。该句中的"壮丽的北冰洋的情景"是第一句的"无数的白云正在空中怒涌"吗？如果这样理解，则诗歌的境界便被压缩。写作这一句时，诗人想象着"立在地球边上放号"的抒情主人公将视线从仰望转向了远眺，在由辽阔高远的天空转入浩瀚无际的大洋的跳跃与转换中建构出新的时空景象。

第三句"无限的太平洋提起他全身的力量来要把地球推倒"将视线从远眺转为近观。网络上有关《立在地球边上放号》的众多教学设计或课件中，均将该诗的创作背景设定为诗人从日本渡海回国时"置身于日本横滨的海岸，面对浩渺无边的大海……脑海中出现了一幅雄奇壮伟、流动奔突的画面。于是他提笔写下了这首对于力的赞歌，对于那种向旧世界、旧文化、旧传统猛烈冲击的时代精神的赞歌"。此种背景设定其实是一种误读，或者说是主观臆造。查阅《郭沫若年谱》以及《中国现代文学史》可知，郭沫若赴日留学后，先是在 1915 年有过短暂回国的经历，后是在 1921—1922 年两年中有过三次回国经历。创作该诗的 1919 年秋，郭沫若并未回国，不可能因为回国而在横滨的海岸上突发灵感创作出这首诗歌。当然，诗人在日本期间置身海边远眺的机会极多，是否是回国途中所见并不重要，重要的只是这一句将着眼点从遥远处的"壮丽的北冰洋"拉回到眼前的"无限的太平洋"。

这又是一句反常识的表达。在这个诗句中，太平洋成为独立于地球之外的另一个主体，而不是地球之上的一分子。这个太平洋拥有无限庞大的躯体和无尽的力量，似乎有绝对的实力跟地球叫板，决一雌雄。他为何要推倒地球呢？诗人并不作具体交代，只留个谜供读者去猜。

第四句"啊啊！我眼前来了的滚滚的洪涛哟"或许是对上一句的"力量"的具体化描述，也或许是进一步收缩视线，将近观转为特写镜头。"洪涛"凸显的是浪之大之猛，"滚滚"呈现的是浪之多之无穷无尽。二者结合，则太平洋中的洪涛便有了浊浪排空、绵延不绝的声势。

诗歌的前四句，着力于景象描绘。四个诗句，四种景象，完全是蒙太奇的手法。从结构上看，四个诗句构成"起—承"关系。

第五句"啊啊！不断的毁坏，不断的创造，不断的努力哟"在结构上属于"转"，将诗歌内容由写景状物转入抒情。谁在"不断的毁坏，不断的创造，不断的努力"？是空中"怒涌"的白云，是"提起他全身的力量"的太平洋，是"立在地球边上放号"的潜在的抒情主人公，还是眼前奔涌而来的"滚滚的洪涛"？都是，又都不是。该句将抒情的主体由征体转入本体，由大自然的风云巨浪转为人类社会的巨大变革。此种变革，着眼于对中华大地的观察，便是五四运动对旧制度、旧文化、旧思想、旧秩序的"毁坏"，是五四精神对科学、民主、自由、博爱的"创造"；着眼于对更广阔的世界潮流的审视，则是第一次世界大战结束之后开始崛起的大工业生产对旧的世界秩序的重构，是新兴生产力取代落后生产力的必然进程。

第六句两个"力哟"连用，是赞美也是感叹，是期盼也是写实，在简单重复中强化诗歌的创作主旨。诗歌"放号"歌咏的，正是这能够摧毁旧时代、创造新时代的新生的力。

第七句是第六句的细化。"力的绘画，力的舞蹈，力的音乐，力的诗歌，力的律吕"五个偏正短语，从五个角度界定"力"的内涵。此种能够带来"毁坏"与"创造"的"力"，绝非生长着三头六臂的洪水猛兽，而是具有绘画、舞蹈、音乐、诗歌和律吕等艺术气质的才子形象。将艺术和力相结合，或许是诗人对新文化的一种个性化认知与表达。

二、归纳提炼，突破难点

《立在地球边上放号》着力赞美的，是"力"。诗歌中直接展示出的"力"，分别有白云的怒涌之力，太平洋"要把地球推倒"之力，滚滚的洪涛的毁坏之力，主体无确指的"不断的创造，不断的努力"之力。在这些"力"之外，诗歌中还隐藏了一个"立在地球边上放号"的时代号手的歌咏或呐喊之力。如果必须给这些"力"在现实世界中寻找到具体的对应物，则诗歌中所咏之"力"，除了可以是五四运动激发出的摧毁旧时代、创造新世界的社会潮流，可以是世界范围内大工业生产带来的先进生产力，还可以是正值大好年华的诗人心中奔涌的青春的热血和理想，可以是 20 世纪初叶西方先进科技和先进文化带来的精神震撼与灵魂开启，亦可以是已在国内形成巨大影响力的新文化运动，或者更狭隘化地体现为诗人正在使用着的这种新的诗歌表现形式。也就是说，诗歌中的"力"，其实并不需要形成一个固定的对映体。唯有不确定，其意蕴才更加丰富，才可以为读者提供无限广阔的联想空间。

诗人所处的是一个脱胎换骨的全新时代。统治中国两千余年的皇权社会终于结束，"德先生"（民主）和"赛先生"（科学）以无比强大的力量唤醒着越来越多的国人踏上了实业救国的征途。当青年毛泽东在《湘江评论》创刊词中宣言的"天下者，我们的天下；国家者，我们的国家；社会者，我们的社会"已经成为大多数中国人的共识时，同样年轻且正在日本接受西方科学文化教育和思想熏陶的郭沫若又怎么能不在灵魂深处奔涌出

"天下兴亡，我的责任"的一腔豪情。少年心事当挈云，年轻的生命谁不认为自己拥有着推动这个世界朝向更美好未来发展的最有力臂膀？或许正是基于对青春的自信、对时代的自信、对未来的憧憬，诗人才在灵魂深处激荡出一种喷薄的情感，召唤那蕴藏在天地间的无限的力量，共同摧毁一切落后、黑暗与不合理，共同创造进步、光明与理想的新世界。

教学设计

> **设计理念**
>
> 《立在地球边上放号》内容较浅，如果只探究诗歌本身的情感与手法，则无须一个完整的课时。因该课还另有三篇新体诗歌，故可用一定量的教学时间，对新体诗进行宏观性介绍。

一、教学目标

● 基础目标：

1. 结合教材中的相关提示内容和具体诗句，整体感知诗歌的主题与情感。

2. 以《立在地球边上放号》为例，了解新体诗的相关特征。

● 核心目标：

3. 以"力"为诗眼，带动全诗赏读，探究诗外之意。

● 拓展目标：

4. 了解新文化运动、五四精神、大工业革命等背景信息。

四项目标中，目标1为教学重点，目标3为教学难点。

二、教学流程

（一）整体感知，发现难点

1. 从了解学生是否喜欢这首诗歌引入本课时的学习。安排不同观点的学生陈述理由，教师从学生发言中提炼相关信息，发现学习中的疑难问题。

2. 针对来自学生初读体验中的问题，组织交流，形成对《立在地球边上放号》外显的新诗表现形式的初步理解。

（二）品读词句，体悟情感

1.《立在地球边上放号》的情感表达既过于强烈又过于直白，不适宜充当诵读训练的范本。教学中，不必要求学生有感情地朗读，不必提名朗读或全班齐读，也不必播放相关朗诵视频或者由教师范读。可要求学生自由诵读，用其喜欢的方式读，或者变换着方式比较着读。

2. 寻找诗歌句与句之间的联系点，梳理诗歌的思维层次。

3. 思考与探究：诗歌中最想表达的是什么？哪一个词或短语最能代表诗人的心声？

（三）走进文本，丰富体验

1. 以问题带动诗歌的细读鉴赏。

（1）从"立在地球边上放号"八个字中，你能够获取哪些信息？"放号"的主体可能是一个什么样的形象？你觉得"地球边上"有没有什么特殊的意义？

（2）首句描绘的是客观景象吗？诗人抓住了景物的何种特征而描写？

（3）"好幅壮丽的北冰洋的情景"是何种情景？诗人为何强调"北冰洋"这一独特的地理位置？

（4）"提起他全身的力量来要把地球推倒"的为何是"无限的太平洋"，

而不是上一句的"壮丽的北冰洋"？这样表达是否主体混乱？

（5）第四句中，诗人对"眼前来了的滚滚的洪涛"持有何种情感？

（6）前四个句子在景物描绘上有何特色？

（7）第五句中为何要将"不断的毁坏"和"不断的创造"并列在一起？诗人对"毁坏"持有何种情感？"不断的努力"强调的"努力"可能是什么？

（8）第七句中的"力的绘画，力的舞蹈，力的音乐，力的诗歌，力的律吕"与第五句的"力"有何关联？诗人为何强调这五个角度？

2.综合探究：诗人歌咏的力量是什么？是外在的大自然的神奇之力，还是人类社会自身的毁灭之力与创造之力？

【提示】诗歌所咏之"力"，可以是五四运动激发出的摧毁旧时代、创造新世界的社会潮流，可以是世界范围内大工业生产带来的先进生产力，可以是正值大好年华的诗人心中奔涌的青春的热血和理想，可以是20世纪初叶西方先进科技和先进文化带来的精神震撼与灵魂开启，亦可以是已在国内形成巨大影响力的新文化运动……

（四）走进作者，感知时代

1.《立在地球边上放号》的创作背景。

写作这首诗时，作者正在日本福冈的九州大学医学部留学。五四运动所产生的伟大的"力波"越过太平洋，直接震动了时刻感应着时代脉搏的年轻气盛的郭沫若。诗中描绘的洪涛滚滚的景象，既是五四运动巨大声势的象征，也是世界范围内大工业生产带来的先进生产力的具体象征。五四运动对于中国，正如滚滚而来的洪涛一般，它正以巨大的破坏力，冲决一切半封建、半殖民地的思想罗网，同时以伟大的创造力建树崭新的科学与民主的现代文明。（源自搜狐网）

2.新文化运动与五四精神。

新文化运动是由陈独秀、李大钊等受过西方教育的新式学者发起的一次"反传统、反孔教、反文言"的思想解放运动。其思想主要体现为：提倡民主，反对专制；提倡科学，反对迷信；提倡新道德，反对旧道德；提倡新文学，反对旧文学。新文化运动中民主和科学两面旗帜的树立，使中国许多方面都发生了翻天覆地的变化，还造成了新思想、新理论广泛传播的大好机遇。（源自搜狗百科）

五四精神的核心内容为"爱国、进步、民主、科学"。

（五）拓展迁移，认知新诗

PPT 呈现：

新诗是"新文化运动"时期创始和发展起来的一种新诗体，以废除旧体诗形式上的束缚、主张白话俗语入诗、表现诗人的真情实感为主要内容。新诗在建立和发展过程中，受到外国诗歌较大的影响，产生了现实主义、浪漫主义、象征主义等多种艺术潮流，出现了自由体、新格律体、十四行诗、阶梯式诗、散文诗等多种形式。

1917 年 2 月，《新青年》2 卷 6 号刊出胡适的白话诗词 8 首，是中国新诗运动中出现的第一批白话新诗。第一本用白话写的诗集是胡适的《尝试集》（1920）。而最早从思想艺术上显示一种崭新面貌，并为新诗地位的确定作出重大贡献的，是郭沫若的《女神》（1921）。（源自搜狗百科）

第 2 讲 在失望中耕耘希望
——《红烛》创意解读与教学设计

课程定位

《红烛》是统编版高中语文必修上册第一单元第二课选录的第二首必读诗歌。其课程定位与《立在地球边上放号》大体相同，依旧侧重于"诗歌内容鉴赏""诗歌意蕴探究""诗歌抒情手法探究"和"尝试写作诗歌"四项。

课后的"学习提示"中，《红烛》的主题被确立为"化用'蜡炬'这一古典意象，赋予它新的含义，赞美了红烛以'烧蜡成灰'来点亮世界的奉献精神"。要求"注意体会诗人如何借助与红烛的'对话'表达青春的困惑与希望，以及对理想的坚毅追求"，关注"洋溢在诗中的幻想与情绪渲染，感叹词的回环使用，诗句长短错落形成的节奏美"。

文本解读

一、细读文本，感知重点

《红烛》诞生于 1923 年，为同名诗集《红烛》的序诗。全诗 9 节，分别围绕"红""光""烧""泪""流""灰""果""因"等关键词而展开，既绘红烛之形色，又塑红烛之灵魂。

首节的五个短句，以当下的审美标准而言属于大白话，缺乏诗情画意。唯一的亮点，在于"吐"的行为。诗人永远也无法真正把心从嗓子眼中"吐"出来，"吐"不过是借一个毫无道理的反常态要求，倾诉一位赤子对国家与时代的一份无比真挚的热爱之情。

第2、3两节扣住"光"与"烧"而展开。"光"是"烧"之果，"烧"是"光"之因。诗人写红烛之光时，先用三个问句引发读者的思考："是谁制的蜡——给你躯体？是谁点的火——点着灵魂？为何更须烧蜡成灰，然后才放光出？"再用"矛盾！""冲突！""不误，不误！"三个感叹句进行回答，最后以"这正是自然的方法"作结，强化因燃烧而发光的必然性与合理性。两节诗句中，"点着灵魂"的"谁"是诗意的着力点。不确指的"谁"既可以是诗人自身，也可以是时代和社会。从诗句本身的隐藏意义看，更应该是新文化的时代潮流和觉醒中的青春生命的结合体。

第4节继续写"烧"，但视角转向"烧"的对象与结果。"烧破世人的梦，烧沸世人的血——也救出他们的灵魂，也捣破他们的监狱！"四个诗句中，前两句写现实，以"梦"之虚幻缥缈描绘世人对社会的非理性认知，以"烧沸"的期盼呈现世人普遍性的冷血；后两句写理想，以"救出""捣破"写燃烧与光的价值和力量，以"监狱"揭示因思想、文化、精神的封闭而带来的人性的束缚和灵魂的囚禁。此节文字中的"红烛"显然具备了照彻昏暗、唤醒麻木的先驱者特征。这样的先驱者，为了"他们的灵魂"的救赎而心甘情愿地拆下自己的肋骨当火把。

第5—7节属于诗意的第一个转折点，由奉献、牺牲的浪漫与豪迈，转向对行为价值的终极追思。其中，第5节的三个短句，前两句"承上"，后一句"启下"，在一边"心火发光"一边"泪流开始"的矛盾中申诉"痛并思考着"的普适性价值。第6节的"匠人造了你，原是为烧的"，既赋予红烛以牺牲的崇高与悲壮，又强化了红烛与生俱来的悲剧性角色定位；而"是残风来侵你的光芒，你烧得不稳时，才着急得流泪！"则又将"流泪"翻出了新意，凸显出红烛渴望更完美地燃烧的彻底奉献精神。第7节以"脂膏"代替了"泪"，直接点明烛泪对于人间的营养价值，宣告其"培出慰藉的花儿，结成快乐的果子"的巨大功用，使原本抽象的奉献与牺牲拥有了实实在在的成果。此三节诗句，欲扬先抑，让"蜡炬成灰泪始干"的"泪"不再具有任何的悲伤与凄凉，完全转换为一种迫不及待的完整性付出，转换为为了理想而甘愿献出一切的彻底牺牲精神，转换为足以滋养千秋万代的丰厚的物质养分和精神养料，转换为可以期待并切实拥有的慰藉和快乐。

第8—9节为诗意的第二个转折点，此次转折的关键在于"灰心"。从红烛的主观意愿而言，其所有的付出并不希望带来自身的任何回报，但它渴望用自己的一腔热血肥沃中华的土地。为了这样的愿望，它竭尽全力地燃烧，努力发出最大的光亮。但现实的黑暗总是超过理想的光芒，沉沉暗夜之中，红烛所有的牺牲却并未催生出灿烂的光明，于是红烛只能拥有"流一滴泪，灰一分心"的悲凉结局。这样的结局在特定的时代背景下属于无法改变的命运悲剧，当社会不再拥有公平正义时，"创造光明"的美好动因，注定无法结出幸福快乐的果实，只能换来"灰心流泪"的苍凉落寞。

诗歌倘若就此作结，红烛便成了理想幻灭者的代表，这当然不是诗人的真正意愿，也不符合20世纪20年代初的中华文化表征。新文化的高潮虽已涌过，奋斗与创新的精气神却依旧存在于鼓荡着青春激情的新一代文人的灵魂中。在这一特定时代背景下，闻一多借助"红烛"这一意象传达出的就不会是面对厚重现实的无可奈何，而是直面惨淡人生和淋漓鲜血的勇气，是"不可为而为之"的坚毅。于是，诗歌再次走向振作，以"莫问收获，但问耕耘"的行动宣言，将现实人生的各种"灰心"毅然决然地抛诸脑后，只留下一颗执着的心，在理想与幻灭并存的大地上无怨无悔地耕耘。

二、归纳提炼，突破难点

（一）《红烛》中的认知冲突与和解

《红烛》诞生于 1923 年。创作《红烛》时，闻一多已在美国生活了一年时间。西方文化无处不在的强烈自我意识，势必会在一定程度上动摇闻一多从启蒙之初便开始接受的中华儒家文化思想，令其不得不站在东西方文化交融的时代背景下审视个体生命的存在价值。但闻一多灵魂深处激荡其一生的，始终是传统文人的家国情怀。此种由童年时期植入生命的元认知，决定了他纵使接受了十多年的新式教育的洗礼、经历了近八年的新文化思想启蒙，但也只是将其由祖辈处传承的功业意识剥离出主导思想，并未削减其"以天下为己任"的社会担当。故而，当闻一多将多年来的诗歌汇编成集时，其情感依旧倾向于古典主义的舍生取义，致力于颂扬"莫问收获，但问耕耘"的彻底奉献精神。

然而闻一多毕竟不是生活在文化与思想的真空中。"五四"精神对旧文化、旧道德的彻底性摧毁，西方文化对个体生命价值的极度推崇，20 世纪20 年代初期中国社会的沉重现实，都在特定的时空中逼迫着闻一多不得不全方位思考奉献与牺牲的价值。投射到《红烛》中，此种思考便体现为一方面诗人热情洋溢地颂扬红烛的自我燃烧与点亮，另一方面又反复喟叹整个社会的无边黑暗与难以改变。与鲁迅一样，闻一多也清醒地认识到"世人"的冷漠、自欺，幻想着凭借一己之力来"烧破世人的梦，烧沸世人的血——也救出他们的灵魂，也捣破他们的监狱"，但"流一滴泪，灰一分心"的现实却又随时警醒他不得不反思此种燃烧的真实意义。现实与理想，在特定的时代与特定的灵魂中凝聚成一个因果关系的死结，灵魂向往着创造光明，现实却只能收获灰心流泪。

有没有一种方法，能够求得现实与理想的调和？鲁迅寄希望于"真的猛士"，闻一多则诉之于"莫问收获，但问耕耘"的价值取舍。闻一多并不否认社会的黑暗和国民的愚昧，也并不隐藏自身对社会的失望甚至绝望，但绝不因此而放弃了自身的努力。此时的闻一多，或许是一位社会改良主义者，只想着尽最大的力、发最强的光，在层层暗夜中获取灵魂的安宁。

（二）《红烛》与《立在地球边上放号》的情感差异

从诗歌风格而言，《红烛》直面沉重的现实而颂扬舍生取义的牺牲精神，属于典型的现实主义；《立在地球边上放号》淡化社会环境而一味放大个体的创造力量，属于典型的浪漫主义。从诗歌情感而言，《红烛》悲而不伤，在"山重水复疑无路"中试图用自身的一腔热血作路标，以伟大的牺牲描绘并不缤纷的图画；《立在地球边上放号》张扬有余而厚重不足，在"天生我材必有用"的极度自信中无限放大青春的力量，用浓烈的浪漫遮蔽了现实的惨痛。如果将这两首诗歌比作两个历史人物，则《红烛》只能是杜甫，《立在地球边上放号》只能是李白。

教学设计

设计理念

《红烛》的内容、情感及其表达，都与当下中学生的审美趣味存在较大的距离。如果不能在教学中创设有效的学习情境，唤醒学生的家国情怀和责任意识，便无法建立文本与学习者之间的情感之桥，也就无法让学习真正发生。而要真正激活学习思维，使学生自觉沉浸到文字中，最有效的方法就是"问题"与"对话"。

一、教学目标

● 基础目标：

1. 依照内容与情感，区分诗歌层次，分析不同层次中的情感变化。

2. 归纳提炼"红烛"的特征。

● 核心目标：

3. 以诗歌中的情感矛盾为抓手，探究诗人内心丰富而复杂的价值诉求。

● 拓展目标：

4. 比对式阅读《红烛》《立在地球边上放号》，了解20世纪20年代初文化界的整体性价值取向。

四项目标中，目标3为教学重点，目标4为教学难点。

二、教学流程

（一）导入新课，营造情境

1. 2020年初，网络上流行这样一段文字："敢问医者何往？战病疫，救苍生。若一去不回？便一去不回！"这简单的两问两答中，展现了医者什么样的情感？

【提示】舍生取义，无私奉献。

2. 医者的此种牺牲自我、奉献他人的精神，转换为古典诗歌中的传统意象，便是李商隐笔下的春蚕和蜡烛。面对这样的奉献与牺牲时，高尚的人总会为之洒下热泪。然而，作为当事人，在义无反顾地走向奉献与牺牲时，他们的心中除了涌动起崇高或者悲壮的情感，也或许还会思考一些其他的问题。今天我们学习闻一多先生的《红烛》，就是要透过红烛的牺牲，体察诗人内心中丰富复杂的情感。

（二）整体感知，激活思维

1. 闻一多先生出版有两部诗集，一部是《死水》，一部是《红烛》。仅从这两部诗集的名称看，你认为哪一部诗集出版在前？

2. 诗集名称的变化中，包含了哪些信息？请联系鲁迅先生的《呐喊》《彷徨》分析。

3. 有人说，《红烛》的情感始终是在"抑扬"错杂中起伏。诗歌的 9 节中，哪几节是"扬"，又有哪几节是"抑"？

【提示】四"扬"三"抑"。第 1 节"扬"：歌咏"红"的本色；第 2 节"抑"：抒写"烧"的困顿；第 3、4 节"扬"：颂扬"光"的意义；第 5、6 节"抑"：追思"泪"的价值；第 7 节"扬"：展望"花"的快乐；第 8 节"抑"：感叹"果"的"灰心"；第 9 节"扬"：点明红烛的精神实质。

（三）走进文本，体悟情感

1. 以问题带动诗歌的细读鉴赏。

（1）如果将《红烛》浓缩为三个问题，则这三个问题分别是什么？其答案又分别是什么？

【提示】三个问题：为什么是"红"的烛？为什么要烧蜡成灰才放出光？为什么要流泪？答案分别是：牺牲与奉献的本心；"这正是自然的方法"，是蜡烛生命存在的价值所在；为不能更好地奉献与牺牲而流泪，为培育出慰藉的花儿而流泪。

（2）"诗人啊！吐出你的心来比比，可是一般颜色？"这句中的"诗人"是闻一多吗？"吐"字让你联想到哪一个成语？"吐"字可以替换成其他的哪一个动词？

【提示】"诗人"指向所有愿意为时代鼓与呼的人。成语是"呕心沥血"。"吐"最为恰当，能体现出一种忘我的奉献精神。

（3）如何理解第 2 节的"一误再误"？诗人心中的矛盾是什么，冲突又是什么？

【提示】"一误再误"并无固定答案，大体指向"燃烧成灰"和"发出光热"。诗人心中的矛盾，在于作为个体的蜡烛为什么必须牺牲自我才能实现奉献的目标；冲突则可能包含了传统道德与新文化主张在"人"的意义认知上形成的对立。

（4）第3节中为何又反复强调"不误"？"自然的方法"有何含义？

【提示】这是诗人深度思考后的省察与决定。"自然的方法"即应该有的方法。蜡烛本就为燃烧而诞生，这是蜡烛的天赋使命。

（5）第4节中的"红烛"与世人的价值观形成了一种对立与反差，"世人"是什么样的人，与"诗人"有何差别？该节中的"监狱"有何含义？

【提示】"世人"即普通国民，具有鲁迅所言的劣根性；"诗人"则是播火者，起着唤醒民众的价值。"监狱"更多指向囚禁进步思想和现代文明的精神牢狱。

（6）"红烛"为何而"伤心流泪"？"何苦"中包含了哪些情感？

【提示】为"烧得不稳"而流泪，意指未能更好地奉献。这是自责的泪。"何苦"中有劝慰，有忠告，有理解，有价值认同。

（7）既然"红烛"可以"培出慰藉的花儿，结成快乐的果子"，为何还会"灰心"？

【提示】花与果只是理想中的产物，并非现实。现实人生的更大可能，在于虽有奉献牺牲，却依旧无法改变沉沉暗夜。面对无边黑暗，灰心也就成为一种必然。

（8）如何理解"灰心流泪你的果，创造光明你的因"？

【提示】这是一种"不可为而为之"的道德主张，呈现的是传统文人一以贯之的忠诚。

2. 综合探究。

《红烛》是一首咏物诗。咏物，或托物言志，或借物抒怀。闻一多借"红烛"这一意象，言了何志，抒了何怀？

【提示】红烛烧蜡成灰，为创造光明而彻底牺牲自我；红烛伤心落泪，为创造光明而忍受各种苦痛；红烛以"莫问收获，但问耕耘"的价值诉求，追寻将个体无私奉献于并不美好的时代……红烛的这些品质，代表的是诗人内心中秉持的价值观念。在 20 世纪 20 年代初的社会大变革中，诗人怀揣赤诚的爱国爱民之心，试图通过自身的奉献而唤醒世人沉睡的灵魂，为世界带来"慰藉的花儿"和"快乐的果子"。可以说，"红烛"就是诗人光辉人格的写照。

（四）走进作者，感知时代

1. 关于《红烛》。

诗集《红烛》由诗人在清华和美国两个时期的作品组成。它的内容丰富广泛，既反映了当时青年知识分子不满现实的思想情绪，也表现了诗人希望献身艺术、报效祖国的理想；既反映了诗人对现实社会的失望和愤恨，又表现了诗人炽热的爱国思乡之情；它的情感炽烈执着，既有对爱情、自然的歌颂和赞美，也有对前途感到渺茫的感伤和哀怨；它的艺术风格鲜明独特，不但以浓烈的色彩独树一帜，而且还以丰富的想象、精练的语言、典型的东方风格，形成了自己的独特个性。

2. 关于创作《红烛》时的闻一多。

【提示】相关内容详见"文本解读"部分的"《红烛》中的认知冲突与和解"。

（五）对比阅读，拓展迁移

合作探究:《红烛》与《立在地球边上放号》在内容、情感以及创作风格上存在哪些差异?

【提示】该问题指向单元学习的核心任务，需引导学生在认真阅读教材"学习提示"的基础上，结合本课时所学开展合作探究活动。可采用列表方式分类完成。教师点拨的内容详见"文本解读"部分的"《红烛》与《立在地球边上放号》的情感差异"。

第3讲　在细读中感知人性的通透
——《百合花》创意解读与教学设计

课程定位

　　《百合花》是统编版高中语文必修上册第一单元第三课选录的一部短篇小说，该课选录的另一部短篇小说是铁凝的《哦，香雪》。两部作品，前者以解放战争为背景，后者以改革开放为背景，通过典型细节和典型形象，展示了年轻生命在不同生存环境中的牺牲或成长，赞美了青春生命无法遏止的人性美与人情美。

　　教学《百合花》时，需结合"青春"这一单元主题，重点品读"通讯员"和"新媳妇"这两个青春形象的可爱与可敬，引导学生感知青春与责任、道义、理想、牺牲间的逻辑关联，探究个体生命背后的时代元素和社会品质。

　　该单元的"学习提示"和"单元学习任务"为《百合花》设定的教学任务是：品读感人细节；重点把握小说对人物形象的刻画；体会革命战争年代特有的崇高情操；联系特定的历史背景理解作品的内涵；结合自己的阅读感受欣赏小说的描写艺术。

文本解读

一、细读文本，感知重点

《百合花》有八美：形象美，人性美，人情美，景物美，主题美，结构美，手法美，语言美。

（一）形象美

《百合花》中的主要人物有仨：我，通讯员，新媳妇。这三个形象，完美地呈现出小说人物形象塑造的三种技法："我"以作者自身为原型，宏观上写实，细节上虚构；通讯员汇集生活中两三个人而为一人；新媳妇完全虚构。

1946 年时的茹志鹃，工作于粟裕、谭震林指挥下的华中野战军，为部队文工团创作室文员，21 岁，军龄三年，婚龄两年。在"北撤"以及苏中"七战七捷"等一系列军事行动中，常深入前线部队包扎所参与救护伤员。茹志鹃在塑造"我"这一形象时，完全是将自己带入了作品中，以女性特有的细腻和温柔传情达意、叙述故事。

"我"是一个什么样的形象呢？从人物身份而言，"我"是文艺兵，是拥有敏锐观察力和细腻情感的小知识分子，也是一名勇敢、坚强、拥有较强的工作经验的革命战士。当总攻发起时，"我"不愿意"进保险箱"求取生命安全，而是渴望投入战斗之中，尽一名战士应尽之力。

"我"善于观察，能够从通讯员的一举一动中分析出他的心理活动；"我"善于宣传发动群众，三言两语便说服了新媳妇，借来了被子；"我"责任心强，到达包扎所便主动找事做，发现通讯员责备"老百姓死封建"便担心影响了军民关系；"我"又有点多愁善感，在大战的缝隙中因为一块月饼便勾连起对家乡的无尽思念，因为一个重彩号的"通讯员"符号便"突然打了个寒战，心跳起来"；"我"还有点小脾气、小淘气，因为通讯员总是走在"我"前面几丈远而生气、产生兴趣，进而故意在休息时"面对着他坐下来"，让他"张皇起来""身边埋下了一颗定时炸弹"。《百合花》中，"我"是故事的叙述者，美的亲历者和见证者，也是美的重要组成成分。在"我"身上，革命知识分子的人情人性得到了充分的呈现。

《百合花》中的通讯员，是孩子、农民、革命战士的三重身份叠加。小说中，通讯员的言行更多体现着前两种身份："步枪筒里，稀疏地插了几根树枝""枪筒里不知在什么时候又多了一枝野菊花"，写的是在烈火硝烟中未曾逝去的少年情趣；"总和我保持着丈把远的距离""从没见他回头看我一次""掉过脸去不好，不掉过去又不行，想站起来又不好意思"，写的是农家少年大脑中的那点儿"男女授受不亲"的"封建意识"；"女同志，你去借吧！……老百姓死封建……"，写的是胡乱归因的认知局限和因懊恼而口不择言的单纯幼稚；"但他执拗地低着头，像钉在地上似的，不肯挪步。我走近他，低声地把群众影响的话对他说了。他听了，果然就松松爽爽地带我走了"，写的是明白事理后的知错即改；"我刚才也是说的这几句话，她就是不借，你看怪吧！……"，写的是稚气未脱的不服心态和率性表达的纯真个性；"那！……那我们送回去吧！"，写的是基于最朴素情感的农民似的善良和思考问题的随性；"他精神顿时活泼起来了，向我敬了礼就跑了。走不几步，他又想起了什么，在自己挎包里掏了一阵，摸出两个馒头，朝我扬了扬，顺手放在路边石头上"，写的是完成任务、回归常态化生活的愉快和注重情谊的善良；为救担架队而自己扑在手榴弹上，写的是革命情谊和牺牲精神……这个只有 19 岁、只有一年军龄的小战士，"这位平常的、拖毛竹的青年"，用他尚未全部绽放便遭逢毁灭的事实，诠释了平凡英雄的独特内涵。

新媳妇是解放区新一代农民的典型，和通讯员构成形象塑造上的"互见"。与通讯员相同，她也不善于甚至不乐意和异性交往，也拥有最朴实的情感和最基本的爱憎，也同样具有为了他人而牺牲自我利益的品格。差别只在于，通讯员是牺牲生命，新媳妇是"牺牲"唯一的嫁妆。

小说中，新媳妇外貌俊美："高高的鼻梁，弯弯的眉，额前一溜蓬松松的刘海……头上硬挠挠地挽了髻。"性格纯美:"她听着,脸扭向里面,尽咬着嘴唇笑。我说完了,她也不作声,还是低头咬着嘴唇,好像忍了一肚子的笑料没笑完。"淳朴善良:先是不愿意解开伤员的衣服,给他们拭洗身上的污泥血迹,而当面对牺牲了的通讯员时,则"忸怩羞涩已经完全消失,只是庄严而虔诚地给他拭着身子""低着头,正一针一针地在缝他衣肩上那个破洞",最终将"那条枣红底色上洒满白色百合花的被子",那唯一的嫁妆,一半平展展地铺在棺材底,一半盖在通讯员的脸上和身上。新媳妇身上,体现着历经磨难却依旧熠熠闪光的人性之善。

(二)人性美

《百合花》中的这三个典型形象,均不具备 20 世纪 50 年代文学人物"高、大、全"的个性特征。在革命现实主义和革命浪漫主义相结合的社会主义文学创作风格中,正面英雄大多具有成熟、坚定、勇敢、智慧的品格,极少存在性格或者思想上的瑕疵。比如《红岩》中以江姐、许云峰为代表的革命先烈群体,就都是既勇于斗争、敢于牺牲,又善于斗争的智勇双全的形象。《百合花》中这三个年轻人,只是时代潮流中的三个普通分子,他们单纯、善良、缺乏相应的经验、喜欢依照自己的方式行事。他们每个人身上都有优点,也都有缺点。也正因为此种优点和缺点的共生,才让我们乐意于将其视作身边的普通人。我们会为他们的单纯甚至幼稚的言行而哑然失笑,为他们的简单透明而怦然心动,会为他们的流血牺牲而黯然落泪。这三个年轻人,本该守在家中,或享受小家庭的甜蜜幸福,或用自己的辛勤劳作,换来一家人的丰衣足食。但战争让他们相逢于血与火的战场,让他们在最短暂的接触中各自绽放出蓬勃的生命活力。在他们身上,真善美的人性得到了具体而生动的阐释。

(三)人情美

有解读者将《百合花》的情感解读为"没有爱情的爱情",这样的情感定位显然过于狭隘。《百合花》中的情感,至少包含了战友情、同乡情、姐弟情、军民情四大类型，其中的任意一类情感，都剔除了所有的杂质，干净，透明，韵味悠长。

"我"与通讯员的情感，始于战友情，发展于同乡情，归结于手足亲情。在不到一天的时间内，"我"与通讯员由素昧平生到情同姐弟，其间极为重要的两个元素是真诚与善良。"我"真诚地和通讯员交谈，一点点消解通讯员心头的陌生感，最终使其乐意于听"我"的安排，并且把内心的想法自由地告诉"我"。临回部队时，他还将自己的干粮送给我，俏皮地对"我"说"给你开饭啦"。很显然，"我"把通讯员当作了亲人，通讯员也把"我"当作了亲人。

新媳妇与通讯员的情感，始于不相知，发展于理解，单向归结为崇敬、悲伤与亲情。小说没有正面描绘通讯员向新媳妇借被子时的细节，可以想象的情节是，见了女性就说不出话、不敢正视对方的通讯员，面对同样羞涩、同样不敢直视对方的新媳妇，俩人的对话一定支离破碎、词不达意。新媳妇或许压根就没听通讯员的"背书"式的宣传，当然也就不可能将唯一的嫁妆借给通讯员。

是什么催生了新媳妇对通讯员的理解、崇敬甚至亲情呢？从事件的发展看，应该先是因为"我"和通讯员的真诚道歉，接着是通讯员"扬起脸，装作没看见""绷了脸，垂着眼皮，上去接过被子，慌慌张张地转身就走""衣服挂住了门钩，在肩膀处，挂下一片布来，口子撕得不小"的孩子气与慌乱，然后是通讯员舍身救人的英雄行为。新媳妇和通讯员的交往时间累计不会超过十分钟，在这十分钟内，新媳妇以自己的善与美，感知到了通讯员的善与美。因为这份感知的存在，当通讯员英勇牺牲时，她才会无比悲伤，才会如安葬亲人一样将通讯员擦洗干净，将衣服上的破洞认认真真缝起来，用唯一的嫁妆将通讯员包裹起来。新媳妇和通讯员年龄相仿、出身相同、性格相近，都如被面上的百合花，纯洁而美好。

通讯员与担架队员的情感，是军民情，更是战友情、生死情。担架队员冒着枪林弹雨抢救伤员，通讯员舍弃生命保护担架队员，这样的情感属于彼此间的生死相托，全无丁点的利益强加。

（四）景物美

《百合花》中的景物描写不多，但每次都能撩拨起一份细腻的情愫。小说中的第一处景物，是"两边地里的秋庄稼，却给雨水冲洗得青翠水绿，珠烁晶莹。空气里也带有一股清鲜湿润的香味"。作者笔下的这份秋景，明亮，葱翠，润泽，满含着丰收的期望，体现着对安宁、和平和幸福的追求。将之与后文的战斗结合，便形成了巨大的景象反差和情感反差。

第二处景物，是想象中的劳动场景："一片绿雾似的竹海，海中间，一条窄窄的石级山道，盘旋而上。一个肩膀宽宽的小伙，肩上垫了一块老蓝布，扛了几枝青竹，竹梢长长的拖在他后面，刮打得石级哗哗作响。"这样的劳动，如诗如画，完全消解了劳作中的艰辛，只留下无边的风景铺铺展展地伸向远方。

第三处景物，是总攻发起之前的中秋月色："天边涌起一轮满月。"依照常理，小说完全可以在此处花费较多笔墨描绘这轮圆月，借以体现大战来临前夕的片刻安宁。但"我"恼恨于这满月过于明亮，会给总攻带来困难，会增加部队的伤亡，便只以一笔带过，留出笔墨抒写记忆中的家乡中秋："啊，中秋节，在我的故乡，现在一定又是家家门前放一张竹茶几，上面供一副香烛，几碟瓜果月饼。孩子们急切地盼那炷香快些焚尽，好早些分摊给月亮娘娘享用过的东西，他们在茶几旁边跳着唱着：'月亮堂堂，敲锣买糖，……'或是唱着：'月亮嬷嬷，照你照我，……'"记忆中的家乡的月色和中秋，代表着一份世世代代追求的安宁与幸福。

第四处景物，出现在战斗临近尾声之时。"前面的枪声，已响得稀落了。感觉上似乎天快亮了，其实还只是半夜。""外边月亮很明，也比平日悬得高。"这是一处简单的白描，不着半点情感。此处的无情感，引出的却是最震撼人心的牺牲。

归总这四处景物可以发现，作者将美好更多地凝聚在想象与记忆中的景物中，凝聚在富有乡土田园气息的景象中。这样的景象，完全摆脱了烈火硝烟的味道，呈现出田园牧歌的优雅从容与平和淡定。或许这正是作者期望拥有的和平、安宁、纯净的生活的象征。

（五）主题美

《百合花》的主题意义，存在着读者理解意义和作者预设意义的错位。1958 年时，茅盾先生将该作品主题确立为"反映了解放军的崇高品质和人民爱护解放军的真诚"[①]。此观点在很长时间内成为《百合花》主题的唯一"正解"。进入 21 世纪，部分解读者在期刊上发表研究论文，从人情、人性视角探究该文的主题，陆续形成了"悲剧主题说""爱情主题说"等相对另类的观点，但并未赢得大众的认同。这一阶段相对主流的观点是复旦大学陈思和先生的"表现战争中令人难忘的，而且只有战争中才有的崇高纯洁的人际关系，与通过这种关系体现出来的人性美和人情美"[②]。这种观点在王庆生先生主编的《中国当代文学史》中也有类似的表达："着意去表现战争环境下人性美和人情美的初衷。"[③]

陈思和先生与王庆生先生的观点，与茹志鹃本人对《百合花》创作主题的阐释较为接近。20 世纪 80 年代，茹志鹃曾在接受记者采访时表示，《百合花》的创作动因，是因为"反右"运动带来的巨大政治压力和冷漠紧张的人际关系令她不无感慨地回忆起战争年代的同志关系的简单与纯净。"战争使人不能有长谈的机会，但是战争却能使人深交。有时仅几十分钟、几分钟，甚至只来得及瞥一眼，便一闪而过，然而人与人之间，就在这个一刹那里，便能够肝胆相照，生死与共。"[④]由茹志鹃的这段话可知，她想要在《百合花》中赞美的，正是如百合花般纯洁美丽的人际关系。茹志鹃笔下的这种人际关系，羞涩之中有率真，纯洁之中有人情，如新媳妇被面上的百合花，像通讯员枪筒中的野菊花，满含了农耕文明中的田园牧歌的悠长静美的神韵，尽管她设定的背景是枪林弹雨的战场。

---

① 茅盾. 谈最近的短篇小说［J］. 人民文学，1958（06）.
② 陈思和. 中国当代文学史教程［M］. 上海：复旦大学出版社，2006.
③ 王庆生. 中国当代文学史［M］. 北京：高等教育出版社，2007.
④ 茹志鹃. 我写《百合花》的经过［J］. 青春，1980（11）.

这样的主题，显然超越了 1958 年的特定社会文化背景。也正是因为此种超越，《百合花》在今天依旧能够令读者心旌摇荡、黯然神伤。

（六）结构美

《百合花》的叙事主线简洁明晰，选材组材别具诗性，整篇小说呈现出极为鲜明的"诗化小说"特征。

小说中的所有故事均围绕一场战斗而展开，全文却又无一处正面描绘血雨腥风的战争景象，只把笔墨集中到三个纯洁得近乎透明的年轻人身上。故事开端于"我"奉命去前沿包扎所，通讯员奉命护送"我"；发展于俩人路途中的简短交流和到达包扎所后的一同借被子、相逢新媳妇。故事的高潮与结局是新媳妇为通讯员擦洗干净身体，补好衣服上的破洞，将唯一的嫁妆——那床撒满白色百合花的新被子放进棺材，让它永远陪伴着通讯员。在这样的结构中，作者着力呈现的不是战争的惨烈，不是主人公的英勇，不是军民之间携手战斗的鱼水情谊，而是三个年轻人之间的那份"倾盖如故"的纯美情感，是一份超越了身份、超越了性别甚至超越了社会现实的人性颂歌。

关于这篇小说的主人公，评论界至今依旧争论不休。1958 年 6 月，茅盾先生在《谈最近的短篇小说》中认为《百合花》采用的是双主人公的结构，两位主人公是通讯员和新媳妇。近 20 年以来，有评论者认为双主人公应该是"我"与通讯员；亦有人认为主人公只有一个——通讯员。其实，从作者试图表达的主题意义而言，战争年代人际交往中的人情人性的美好，必然通过这三个年轻人的行为共同支撑。从这个角度而言，本文的主人公完全可以定位为三个年轻人构成的特定群像。以特定群像为主人公的作品，在中学教材中并非特例。鲁迅先生的《故乡》中，我、闰土和杨二嫂三个形象就各自代表着一种特殊的生存方式，三个人都是主人公。

（七）手法美

《百合花》中运用的表现手法十分丰富，其叙述方式的选择、正侧面结合手法的运用、人物言行的描绘都独具匠心，体现出极好的艺术表现力。

小说中有两处插叙，以想象或联想描绘了如诗如画的家乡生活画卷。第一处是由"帮人拖毛竹"而生发出的想象中的景象。在这段插叙中，作者采用了电影镜头的处理方式，先呈现"绿雾似的竹海"的全景空镜头；然后将镜头转换为远景，投向由远到近的"一条窄窄的石级山道"；再随着镜头的拉近，以中景镜头展示一个沿着石级盘旋而上扛着青竹的青年；接着将镜头推近为近景，让青竹长长的竹梢与石级不断敲击摩擦，发出哗哗声响；最后运用特写镜头，突出拖毛竹青年的宽宽的肩膀和肩膀上垫着的老蓝布，突出青年人挂着汗珠的年轻英俊的面庞……这段插叙，将景色美、人物美和劳动美结合在一起，渲染出记忆深处的家乡生活的诗情画意。

另一处有关家乡的插叙，是由乡干部送来的干菜月饼而联想到的家乡中秋民俗。该处插叙以写节日生活的愉悦为主，先是概述祭月场景，然后详写孩子们的歌唱，再由歌唱着的孩子想到"那个拖毛竹的小伙儿，也许，几年以前，他还唱过这些歌吧"。这段文字，侧重于呈现记忆中的充满了童真童趣的生活画卷，在那样的生活中，没有紧张焦虑，没有流血牺牲，只有一份最浅近也最物质的期待。

在《百合花》中读到这两处插叙的景象时，立刻联想到鲁迅先生在《故乡》中有关"深蓝的天空中挂着一轮金黄的圆月，下面是海边的沙地，都种着一望无际的碧绿的西瓜"的两处插叙。《故乡》中的这份明亮、优美、自然的景致，被视作"我"内心中向往的理想生活画卷的象征，借以和现实的灰暗形成鲜明对比。《百合花》中的这两段文字，应该也具有同样的表达价值。需要注意的是，《百合花》中的这两段描写，都存在着剥离时代背景的特征，尤其是后一处的插叙。1946年，19岁的青年，他能够唱着儿歌馋巴巴地等着吃月饼的那段少年时光，中华大地正是烽烟四起、满目疮痍，纯美的净土在现实中根本无法寻觅。

小说中的正侧面结合是行文的一大亮点，尤以侧面描写最显精妙。第一处侧面描写是从新媳妇处借来了新被子，"刚走出门不远，就有人告诉我们，刚才那位年轻媳妇，是刚过门三天的新娘子，这条被子就是她唯一的嫁妆"。这几句话，也可以视作一种插叙，没有了它，则不但前文中借被子时的挫折缺乏合理性，而且后文的高潮和结局也缺乏了震撼力。

第二处侧面描写是以伤员和伤员带下来的消息写战斗的胶着与惨烈。这段文字，重心并不在于表现战争的残酷，而是为后文的情节发展作铺垫、埋伏笔。相关信息中，"在巷战"三字绝非可有可无之笔。后文中，担架队之所以会在战斗临近尾声时遭遇到一颗手榴弹，正是因为置身于巷战战场。

第三处侧面描写，是借担架队员之口，介绍通讯员的英雄壮举。此种安排，主要是小说叙事角度的制约。此处的侧面描写，亦将"我"这一叙事者的情感藏匿起来，把新媳妇的情感与行为推向前台，有利于推动故事朝向高潮和结局快速发展。

小说人物言行的描绘，多采用细节刻画的手法，同样十分出彩。比如，为了表现出通讯员与"我"对面而坐聊天时的紧张，就抓了一个极为典型的细节："摘了帽子，偷偷地在用毛巾拭汗"；表现他对新媳妇的不满，就写他不服气的话语："我刚才也是说的这几句话，她就是不借，你看怪吧！……"，写他在新媳妇抱出被子后"扬起脸，装作没看见"的动作神态；表现他在新媳妇面前的紧张，就写他"接过被子，慌慌张张地转身就走""衣服挂住了门钩，在肩膀处，挂下一片布来"。而在表现通讯员的可爱、稚嫩和缺乏经验时，则抓住他语言中的非合理成分，以一两句话便勾勒出这些特征。如明明是自己缺乏宣传发动的经验，却归罪于"老百姓死封建"；明明是就要返回部队，并不留在包扎所工作，却"考虑了一下，便下了决心似的说：'好，算了。用了给她好好洗洗。'"

小说中对新媳妇的塑造，更是立足于细节刻画。例如，为了表现新媳妇的内心纠结和善良明理，就抓住她听"我"宣传政策时的动作神态和心理活动，写她"不笑了，一边听着，一边不断向房里瞅着""看看我，看看通讯员，好像在掂量我刚才那些话的斤两。半晌，她转身进去抱被子了"；为了表现新媳妇那农村女子的羞涩，就写她不愿意帮伤员擦拭身体，经过"我"反复劝说，才"红了脸，同意了"。

小说中也有一处人物形象的细节描绘，从情节设计和主题表达上看，貌似缺乏必要性。这个形象便是乡干部。事实上，正是这一处细节的存在，才能将人民倾其所有支援子弟兵的鱼水深情更直观更全面地表现出来。

（八）语言美

《百合花》的语言具有较强的诗意色彩，叙事时概述的语言简约精炼，描写的语言准确生动。写景时善于抓住景物的色彩和神韵而展开。本该惊险、紧张、充满流血牺牲的战斗故事，被作者写得充满了诗情画意，读来有一种自然、清新、柔和、优美的感觉。

"我"与通讯员的对话，是小说前半部分的描写重点。最初，通讯员因为"我"的女性身份而紧张得说不出话，"脸涨得像个关公，讷讷半晌，才说清自己是天目山人"；接着，因为有了同乡关系，他的紧张情绪显然得到了一定程度的缓和，可以相对快速地回答"我"的各种问题，但依旧绝不多说一句话。等到"我"和通讯员一起去借被子时，他虽"踌躇了一下"，但还是和"我"一起去了。当"我"惊奇地问"怎么，没借到"时，通讯员的回答开始多了附加的信息："女同志，你去借吧！……老百姓死封建……"当"我"说服了新媳妇，"她转身进去抱被子"时，通讯员开始主动说话："我刚才也是说的这几句话，她就是不借，你看怪吧！……"至此，通讯员显然已不再在意"我"的女性身份，开始把"我"视作一个可以自由交谈的战友。可以说，正是借助这样精准的语言，人物的性格以及人与人之间的关系才得到了渐进展开。这样的语言，体现出简约和精准之美。

小说在描绘人物心理活动时，语言则呈现出细腻与精巧之美。例如，当"我"登记伤员信息时，"'通讯员'三个字使我突然打了个寒战，心跳起来""我又莫名其妙地想问问谁，战地上会不会漏掉伤员。通讯员在战斗时，除了送信，还干什么——我不知道自己为什么要问这些没意思的问题"，简简单单的几句话，写活了"我"对通讯员的关切之情。词句看似简单，实则情感丰厚。

小说中有限的几处景物描写，语言更是清新、灵动而又充满神韵。前往包扎所路上所见的"给雨水冲洗得青翠水绿，珠烁晶莹"的秋庄稼，铺展在"空气里也带有一股清鲜湿润的香味"的天地间。这样的描写，将视觉与嗅觉结合在一起，令文中的"我"和文字之外的读者都有一种心旷神怡的感受。战斗即将结束时，"前面的枪声，已响得稀落了。感觉上似乎天快亮了，其实还只是半夜""外边月亮很明，也比平日悬得高"，这几句景物描写，舒缓了前文的紧张，让读者的心情适度松弛下来。因为战斗已近尾声，"我"不再担心月亮过于明亮会增加部队的伤亡，也便有心情欣赏着月色，感受它的"明""悬得高"。

二、归纳提炼，突破难点

（一）《百合花》的战争背景

相当数量的文本解读或者教学设计中，《百合花》的时代背景被错误定位为解放战争中的淮海战役。淮海战役发生于 1948 年，《百合花》的第一句"1946 年的中秋"决定了其描写的"打海岸"的总攻绝不可能是两年后才爆发的淮海大战。

查阅相关资料，结合茹志鹃在《我写〈百合花〉的经过》中的回忆，可知《百合花》所写的战斗，为军史上著名的苏中七战七捷中的某一场战斗。"七战七捷"始于 1946 年 7 月 13 日，止于 1946 年 8 月底，历时一个半月。"七战七捷"中的第三场战斗，为"海安战斗"。小说开篇所说的"打海岸"的"海岸"，或许就是"海安"。

（二）"爱"的解析

《百合花》中的情感，被某些解读者曲解为青年男女间的朦胧的爱情，这样的认知在小说中并无依据。且不说过门刚三天的羞涩的新媳妇无论如何也不会对一个愣头愣脑的"同志弟"产生爱情，就算是作为叙述人的"我"，对"这个傻乎乎的小同乡"的爱，也绝不是男女间的情爱。小说虽未对"我"的身份作细致介绍，但字里行间还是可以发现，"我"带有1946年时已成家两年的茹志鹃的特征。这一点，在小说中有几处暗示。在去包扎所的路上，"我"跟在通讯员的身后一路追赶着他，"从他那副厚实实的肩膀看来，是个挺棒的小伙儿"。休息时，"我"故意坐到他对面，"看见他那张十分年轻稚气的圆脸，顶多有十八岁"。这两处概述中所用的语言，具有明显的年龄差特征，均不属于情窦初开的年轻女子，甚至不属于少妇，而应该属于1958年写作该文时已经历过太多的人生风雨的作者。

在向新媳妇借来了被子且得知这是她唯一的嫁妆后，"我忍不住想给他开个玩笑，便故作严肃"说出来的那段话，也不属于一个未曾婚嫁的年轻女子。这样的话语，更像是一位成熟的女性政治工作者对一名年轻战友的善意批评。

战斗打响后，包扎所中的乡村妇女们都"又羞又怕"，"放不开手来"抢救伤员。与之形成对比的是，"做这种工作，我当然没什么"。"我"不害羞、不害怕，最重要的原因固然是军人的身份和战友的情谊，是经常性参与战场救护工作，但也不排除"我"已成家这一因素。

那么，应该如何理解"我已从心底爱上了这个傻乎乎的小同乡"中的"爱"呢？

要厘清这个问题，需重点剖析这份"爱"的具体内容。《百合花》中，"我"为什么而"爱上了这个傻乎乎的小同乡"呢？首先是因为他在"我"面前表现出的故意性疏远和手足无措，令我"发生了兴趣"，让"我""拼命忍住笑"，对其产生了好感。此种好感，类似于成年人对孩子的欣赏与喜爱，与年龄和人生经历紧密相关，与性别无关。其次是因为同乡的身份。此种建立在地缘文化基础上的乡情，往往能够迅速拉近两个陌生人的情感，使其拥有一份茫茫人海中一见如故的独特感受。其三是借到被子后因为"我忍不住想给他开个玩笑"而引发的他的"那副认真、为难的样子"。"我"故意逗他，他却当了真。面对他的认真与为难，"我""又好笑，又觉得可爱"。这件事中的情感，依旧类似于成年人对孩子的欣赏与喜爱。

在特定的历史背景下，类似于通讯员这样的来自农村的年轻战士在茹志鹃工作的新四军和后来的华中野战军队伍中实属大多数，这些淳朴、稚嫩、缺乏工作经验或战斗经验、对革命对战友对乡亲拥有最朴素的情感的年轻人，在茹志鹃这样的见过世面、拥有丰富人生经验的"老革命"的眼中，都是纯洁的百合花，也都是需要进一步雕琢的璞玉。茹志鹃们对这些年轻人的爱，是前行者对后来者的关爱，是年长者对年少者的疼爱，是引领者对成长者的欣赏与接纳。这样的爱，更大程度上具有"师爱"的特征，绝非男女间的情爱。

（三）拖毛竹的青年

《百合花》以"这象征纯洁与感情的花，盖上了这位平常的、拖毛竹的青年人的脸"收拢全文，将无边的哀伤留给了读者。作者为何强调"平常的、拖毛竹的青年人"而不是强调"通讯员"或者年轻战士呢？此问题除了涉及《百合花》的写作主旨，还涉及战争文学的宏观价值定位，涉及文学与战争的复杂关联。20世纪50年代的新中国文学作品中的英雄形象，大多存在着革命浪漫主义的虚构，具有"高大全"的特质。通讯员的"平常"，明显带有"去英雄化"的色彩，体现着茹志鹃小说创作的独特价值倾向。这"平常的"年轻人，却在最危险的时刻，牺牲自己而拯救他人，这又拥有了绝不平常的崇高品质，拥有了最光彩的人性光辉。这样的英雄，可敬亦可亲、可信。

而"拖毛竹的青年人"的身份强化，更是将"人"从战争中剥离出来，使其复归于田园劳作，复归于脱离了阶级斗争的自然境界。这样的年轻人，本该在田园劳作中一天天长大，娶妻生子，耕耘收获，用自己的双手改善自己的生活，终老一生，但战争却让他脱离了寻常轨道，过早地献出了年轻的生命。当缀满了百合花的新被子盖上他年轻的脸庞时，战争、死亡终于都离开了他，他终究又成为充满诗意的"绿雾似的竹海"中的一位平常的、拖毛竹的青年人。

教学设计

一、教学目标

● 基础目标：

1. 以小说主人公的确定为抓手，对三位主要人物进行简要赏析，感知人性美与人情美。

2. 立足文本细读，整体性感知作品的情节、主题、语言、手法。

● 核心目标：

3. 借助预设的问题，串联起相关细节的品读鉴赏，深度探究细节设置中的形象、情感、思想以及价值诉求。

● 拓展目标：

4. 了解小说创作背景和 1950 年代革命文学中英雄形象塑造的总体特征，在对比中了解诗化小说的独特性。

四项目标中，目标 1、2 为教学重点，目标 3 为教学难点。

二、教学流程

第一课时

（一）整体感知，发现难点

1. 第一遍阅读《百合花》时，最能打动你的是什么？

2. 小说中的三个人物，你觉得哪一个个性最鲜明？你的理由是什么？

3. 你能从小说中推断出"我"有多大年龄吗？"我"是一个什么样的人，在小说中有何作用？

4. 小说的主人公是谁？

5. 小说中有哪些不太好理解的内容？

（二）初识人物，体察人情

1. 小说是如何塑造通讯员这一典型形象的？请从情节设计、描写手法、人物关系等角度进行赏析。

2. 通讯员是英雄吗？这一英雄与其他战争小说中的英雄有何差异？

3. 新被子的主人为何被设计为结婚只有三天的新媳妇？哪些情节与此相关联？

4. 新媳妇的身上，能够体现出哪些值得赞美的品质？

5. 新媳妇和通讯员两个形象具有哪些相同点？

（三）研读细节，品鉴人性

1. 以问题带动小说的细读鉴赏。

（1）找出小说中通讯员与"我"的全部对话，从语言、神态的变化中感知通讯员身上体现出的人性美与人情美。

【提示】通讯员与"我"的对话，随着熟识度的增加而呈现出由说不出话到自由发表观点甚至发点牢骚的变化过程，其性格呈现也由腼腆害羞而朝向单纯活泼的方向发展。

（2）小说为何多次描绘通讯员枪管中的树枝和野菊花？这一细节能体现出通讯员哪些性格？

（3）通讯员为什么说新媳妇"死封建"，而不是说她"死落后"？

（4）新媳妇为何不愿意把被子借给通讯员，却愿意借给"我"？

（5）新媳妇在抢救伤员时本来很羞涩，为何却在擦拭牺牲了的通讯员的身体时毫无羞涩感？

（6）面对牺牲了的通讯员，"我"和新媳妇在情感表达上有何异同？为什么会形成此种异同？

（7）小说结尾处，为何将通讯员的身份强化为"平常的、拖毛竹的青年人"而不是"烈士""英雄""战友"或者"年轻战士"呢？

（8）小说中为什么没有写到新媳妇的丈夫？除了情节发展与之无关之外，还有没有其他理由？

2.综合探究。

（1）小说中四次写通讯员衣服上被门钩撕破的衣洞，各有何作用？作者为何要设计这样一个细节？

（2）新媳妇开始不愿意借出新被子，最后却执意要将半条新被子"平展展地铺在棺材底，半条盖在他身上"，这样的情节设计合理吗？

（3）一般而言，新婚时使用的被面重在表现喜庆和祝福的意味。新媳妇的百合花被面显然是取新婚夫妇"百年好合"之意。作者以"百合花"为题，想要表达的是何种意义呢？

（四）突破难点，多元思考

小说中，"我"与新媳妇在对待其他伤员或烈士时的情感态度相对冷漠，对待牺牲了的通讯员却格外在意。作者这样表现战争中的人情、人性，是否有违革命文学对战友情和军民鱼水情的歌颂？

【提示】世间没有无缘无故的爱恨，即使是生死与共的战友情，也需要二者间有交集。小说中这样表现，更符合真实生活中的人情、人性。

第二课时

（一）研读细节，品读诗意

1.《百合花》虽有烈火硝烟，有流血牺牲，但总体上呈现出的，更多是美好的人性、温馨的人情、寻常却又充满诗意的景象与故事。小说是如何处理大事件与小故事间的关系的？

【提示】侧面写宏大背景，正面写人情、人性。避开了宏大叙事，却又写出了普通人在时代风云中的人性光芒。

2.小说中有多处景物描写。茹志鹃笔下的景物与一般战争小说中的景物有何差别？作者为何要这样写景？

【提示】正面写战场景象的，往往突出断壁残垣，借景物的破败呈现战争的破坏性；茹志鹃笔下的景物，故意远离战场，只写寻常生活中的美好景象，借以体现生活与生命的美好，烘托人物。

3. 从作品的几处景物描写中选择一处，从景情关系的角度进行赏析。

4. 小说在情节设计与人物形象描绘上，采用了正面描写与侧面描写相结合、实写与虚写相结合等手法。找出文中侧面描写、虚写的内容，并作简要赏析。

【提示】最重要的侧面描写，是通讯员的牺牲，借担架队员的陈述而呈现。两处重要的虚写，一是想象中的拖毛竹的景象，一是回忆中的家乡中秋节的景象。虚写中的景象，是应该拥有的美好生活画卷，与现实的残酷惨烈形成反差。

5. 两处虚写的内容，具有超越时代的背景虚化特征，极具田园牧歌色调。事实上，作者所写的不过是 20 世纪 20 年代至 40 年代的生活画卷，那时的中国大地到处弥散着战火。作者这样写，是在故意美化那个时代吗？

【提示】引导学生探究该问题时，可引入沈从文的《边城》、鲁迅的《故乡》作参考。

6. 小说在情节设置、形象塑造、环境描写、主题呈现、语言运用等多个方面，都着意于营造一种"淡"的韵味，一切都表现得内敛而有节制，却又不低沉不压抑。请结合具体细节赏析作品"淡而有味"的风格。

【提示】《百合花》中所有的描写，均不往极致处着力，始终坚守了清新、疏淡、优美的风格。行文中注意留白，语言往诗意处延展。写的是人间烟火，却没有烟熏火燎的味道。

（二）走进作者，感悟主旨

1. 从《百合花》中，我们读出了什么样的人生感悟？

2. 作者想要传递给读者的，其实是人情、人性的单纯美好。

出示 PPT：

战争使人不能有长谈的机会，但是战争却能使人深交。有时仅几十分钟、几分钟，甚至只来得及瞥一眼，便一闪而过，然而人与人之间，就在这个一刹那里，便能够肝胆相照，生死与共。

——茹志鹃《我写〈百合花〉的经过》

（三）走进文化，认知背景

1.《百合花》的创作背景。
出示 PPT：

1957 年，茹志鹃的丈夫王啸平被错划为"右派"。丈夫处于岌岌可危之时，茹志鹃却无法救他，而且由于她与丈夫在具体的工作问题上常常站在同一战线，她也不得不回顾自己走过的道路，一遍一遍地检讨自己的思想。在承受着政治氛围和紧张的人际关系所带来的无形压力的同时，她不无感慨地回忆起战争年代那种简单、纯洁却又可以生死相托的同志关系。于是，茹志鹃决定要写一个普通的战士、一个年轻的通讯员的故事。她大约用了一个星期就完成了小说，但作品寄出去后不久便被退稿，理由是"感情阴郁，不能发表"。几经周折，小说《百合花》终于发表在 1958 年第 3 期的《延河》杂志上。

2. 1950 年代新中国文学中的英雄形象。
出示 PPT：

在"政治标准第一，艺术标准第二"的审美标准规范下，20 世纪 50 年代的新中国文学在形象塑造与情节设计上普遍具有简单化、公式化、概念化的倾向。在情感表达上，却又存在着一种强烈的革命浪漫主义激情。这种浪漫主义的突出表现是，英雄们总是被塑造成智勇双全、能文善武的"超人"，他们都有着在战争中传奇式的冒险经历，有着坚定的革命信念，有着远超一般人的政治觉悟、工作能力和军事智慧，永远走在群众的前头，永远不犯任何错误。当此标准延展到电影中的形象时，甚至所有的男性英雄都必然浓眉大眼、一身正气，所有的女性英雄都赤胆忠心、远离儿女情长。

3. 如何看待《百合花》中的人情、人性？

出示 PPT：

正面声音：

反映了解放军的崇高品质和人民爱护解放军的真诚。——茅盾

她笔下的人物虽然出入于战火硝烟之中，但心灵却不染一点战争的灰尘，始终如山野的百合花一样，圣洁，淳朴，透着自然的情韵。——於可训

表现战争中令人难忘的，而且只有战争中才有的崇高纯洁的人际关系，与通过这种关系体现出来的人性美和人情美。——陈思和

反面声音：

"缺乏阳刚之气""风格过于纤细""走到反党危险边缘"。

情感阴郁，不能发表。

4. 对比阅读。

清晨，茫茫草地上，一位年轻女战士采摘下一束洁白的野花献给了一座新坟，悲戚使她沉入对战友的哀思和缅怀……1946 年秋，部队为反击敌人向解放区的进犯，决定攻打敌人占领的某县城。文工团团员鲁兰被派到前沿包扎所协助工作，她在途中遇到一位刚刚离开医院为参加总攻赶赴部队的小战士，他们恰好同去一个村庄。开始，鲁兰对这个态度冷淡、还挺封建的小战士感到生气，可当她渐渐了解到小战士那憨厚质朴的性格以后，便对他有了好感。原来他们还是同乡呢。他们到达了目的地，部队已

经开赴前线。鲁兰请小战士同她一起到老乡家去为包扎所借被子，本来就腼腆害羞、怕与女同志打交道的小战士，偏偏又来到刚过门三天的新媳妇荷花家，笨嘴拙舌的小战士没借到被子弄得挺不自在。还是文工团员会做群众工作，鲁兰三言两语就把被子借来了。鲁兰和小战士打开被子一看，竟是一床精心刺绣着百合花的漂亮被子。他们听邻居大婶介绍，才知道这是被还乡团杀害了双亲的那位新媳妇自个儿辛辛苦苦置办的嫁妆。小战士觉得自己太冒失了，坚持要把被子送回去，新媳妇却坚决不肯收下，两个人推推让让，嘶啦一下，小战士的军装被篱笆剐破了一个口子，这使新媳妇心里很是不安。总攻打响了，小战士带着村里的担架队迅速开往前线投入了激烈的战斗。鲁兰同新媳妇荷花也在包扎所紧张地接待和照顾伤员。部队胜利地攻入县城。战斗接近尾声。就在这时，担架队抬来一个生命垂危的重伤员，鲁兰和荷花发现，他就是那位腼腆的小战士，他是为了掩护担架队几十人的生命，被敌人罪恶的子弹打中的。小战士牺牲了，新媳妇满含热泪，一针针、一线线，缝好小战士军装上外露着的破口，庄重地把那床绣着百合花的新婚被子，盖在这位普通的、不知姓名的小战士身上……

电影《百合花》的故事梗概中，编辑添加了哪些情节？为什么要添加这些情节？你认为这样的改编好不好？

【提示】拍摄于1981年的《百合花》带有极为明显的政治色彩。所有改动的情节，都为了人为拔高相关人物的精神境界。这恰恰违背了作者的创作初衷。

（四）走进心灵，眺望人性

1. 鲁迅说，悲剧是将人生有价值的东西毁灭给人看。《百合花》是一个诗意的悲剧故事，在这个悲剧中，作者"毁灭"了哪些有价值的东西给读者看？

2. 这些"有价值的东西"真的毁灭了吗？

3. 置身于今天的课堂上，我们中的很多人依旧会被这70多年前的故事深深打动。作品中真正带给我们感动的是什么？学习小组内先作简单交流，然后班级交流。

4. 结束语:《百合花》诞生于特殊的年代，可以说是作者灰暗灵魂中生长出的一株纯洁而明亮的花。《百合花》既是一种缅怀，也是一种憧憬。缅怀的是烈火硝烟中至真至纯的情谊，憧憬的是和平环境下的尊重、理解、包容与相互慰藉。事实上，时代与环境并不能够真正影响人情、人性，真正让人类相濡以沫或者以邻为壑的，是非分的欲念。倘若人人都像《百合花》中的通讯员那样纯真透明，都像新媳妇那样重情重义，都像文中的"我"那样明亮纯粹，洁白美丽的百合花就绝不只是绽放在新媳妇的被子上，绽放在茹志鹃的文字中，而是绽放在过去、现在以及将来的一切人类活动中。

第4讲　用创造拓展生命的宽度

——《喜看稻菽千重浪》《心有一团火，温暖众人心》《"探界者"钟扬》
任务群解读与整合教学

课程定位

　　统编版高中语文必修上册第二单元第四课由《喜看稻菽千重浪——记首届国家最高科技奖获得者袁隆平》《心有一团火，温暖众人心》《"探界者"钟扬》三篇人物通讯组合为一个特定的学习任务群。该任务群的课程价值，一是通过三个文本的比对与鉴赏，"学会分析通讯的报道角度，理解事实与观点的关系"；二是研读文本中报道的典型事例，提炼并理解人物的精神品质，传承优秀文化；三是建构非连续性文本的学习路径，培养"跳出文本学语文"的综合学习能力。

　　学习《喜看稻菽千重浪》《心有一团火，温暖众人心》《"探界者"钟扬》三篇作品时，需以《喜看稻菽千重浪》为主、《心有一团火，温暖众人心》《"探界者"钟扬》为辅。在通读三篇课文并对其进行必要的鉴赏探究的前提下，运用对比整合手法，组织群文阅读。

文本解读

一、细读文本，感知重点

《喜看稻菽千重浪》由四个版块构成，每一版块围绕一个小标题而组织素材，在内容与结构两方面形成了既各自独立又渐次推进的叙事章法。

第一版块"曾记否，到中流击水"的关键词是"发现"与"实证"。此版块虽从 2001 年落笔，但重心却在 1961 年 7 月的一次"偶然"发现以及此后若干年的田野实证之上。该版块的概括叙述与细节描绘，均指向袁隆平自青年时代便拥有的"与众不同"之处：理想远大，脚踏实地；善于发现，勇于探索；关注理论，讲求实证。从整体上而言，该版块旨在体现"高远的理想"和"踏实的行动"对于事业的开启与引领价值。

第二版块"创新是科学家的灵魂和本质"的关键词是"创新"与"坚持"。此版块以概述为主要表达方式，在叙议结合中展示袁隆平坚持研究、锐意创新的治学品质。文章先概述各种指责、嘲笑与压力，再写袁隆平"不迷信权威""不打算退却""敢于挑战的勇气和信心"，最后以其研究成果证实其研究的正确性。

第三版块"事实是科学家的空气"的关键词是"情怀"与"事实"。此版块先以平实的语言直陈袁隆平"对中国亿万农民怀有深厚的感情"，再通过一则典型事例呈现其尊重事实、捍卫真理的科学态度。该部分的文字中，发表于《人民日报》的这封信，在批驳"三不稻"错误观点的同时，也用翔实的数据间接展示了杂交稻研究的成果与贡献。

第四版块"饥饿的威胁在退却"的关键词是"梦想"与"贡献"。此版块以"梦想"为起点，依照时间顺序分段介绍袁隆平在 1986—1997 年 12 年间的主要研究成果，使其"贡献"既得以细化，又得以呈现稳步发展的特征。结尾四段从四个角度进一步展示其业绩的不朽，虽多侧面落笔，却更具说服力。

将四个版块放在一起阅读时，不难发现行文过程中的时间线索。1961—2001年共40年的时间跨度中，袁隆平真正做到了数十年如一日只做杂交稻研究这一件事。40年，由风华正茂的三十而立到年逾古稀，袁隆平始终信念不丢、梦想不灭、情怀不失、创新不已、坚持不懈，最终不但将不可能变成了可能，而且"引导我们走向一个营养充足的世界"。

《心有一团火，温暖众人心》采用"定点绘形"与"散点透视"相结合的技法，从多个侧面表现张秉贵的"一把火"品质。作品既正面展示张秉贵火一样的工作热情和精湛的服务技艺，又从多个侧面或概括介绍或详细描绘其品格与能力的形成原因，还通过对他人言行的客观介绍，凸显张秉贵"一把火"精神的社会价值与巨大影响，揭示"在我们的社会主义祖国，只有低人一等的思想，绝没有低人一等的工作"的价值认知。

从人物活动地点看，王府井百货大楼的糖果柜台为张秉贵的活动主阵地。张秉贵"为革命站柜台"的先进事迹，离不开"糖果柜台"这个固定的观察点。通讯在呈现张秉贵的诸多事迹时，均围绕这个观察点而选取素材。比如开篇处先"面"后"点"的场景描绘，插叙中的几个细节性小故事等。但作品如果只将笔墨聚焦于这一个点，便难以体现张秉贵这"一团火"的燎原价值，故而作品在"糖果柜台"这个主阵地之外，又将张秉贵分别放置于糖果厂、医院、饭馆等其他的观察点，借其他空间中发生的故事来丰富张秉贵的形象。

从人物活动的时间看，作品以顺叙为主，详写1977年前后发生的故事，又借助插叙，分别介绍了张秉贵在新中国成立前做学徒的一段经历和1955年刚到王府井百货大楼工作时的两个典型故事。1977年前后发生的故事，侧重于体现张秉贵的事迹与品德；新中国成立前和1955年的故事，侧重于介绍张秉贵"一把火"品格的形成原因。

与《喜看稻菽千重浪》中对袁隆平的版块式介绍相比，《心有一团火，温暖众人心》中对张秉贵的介绍在选材组材上更趋向于记人散文。

《"探界者"钟扬》的章法结构类似于古典人物传记。全文虽也采用小标题的方式，依照不同的身份领起不同的故事，但这些身份与故事具有时间上的顺延性，大体上展示了钟扬从考大学到生命终结的40年历程中的几个重要阶段的工作与成就。

在人物形象塑造上，《"探界者"钟扬》与前两篇通讯的最大差别，在于前两篇通讯侧重于锁定人物某一方面的典型特征而选材组材，此文则以"探界"为线，重点介绍钟扬在不同领域中从事的工作和取得的成绩。本课的三篇人物通讯中，《"探界者"钟扬》的行文脉络最为清晰。

二、归纳提炼，突破难点

（一）文体辨析

袁隆平在40年杂交水稻研究过程中，一定会经历若干"有故事"的事；记者在采访过程中，也一定会着力搜集若干"有料"的事。但最后进入到通讯中的具体的事，却只有四件：1961年7月发现杂交稻并随之开展研究，1964年7月寻找并发现天然雄性不育株，1992年6月给《人民日报》写信，参加电视台活动时陈述梦境。从文学的角度而言，四件事都缺乏更为精致的细节描绘，生动性和可读性都有欠缺。

那么，记者为何要突出这四件并不"精彩"的事？这便涉及人物通讯的写作要求。人物通讯重在表现人物的品质、性格和精神面貌，多概括介绍人物生活的经历或事件发展的过程，具有时间跨度大、涉及事件多等特点。要写好此类文章，必须先从人物的众多事迹中提炼出最有特色的一条写作主线，再围绕这条主线取舍相关素材。通讯的本质是新闻，注重对事件结果的客观呈现，强调"用事实说话"。为了保证新闻的真实性，应尽可能少用文学的笔法渲染细节。《喜看稻菽千重浪》的写作目的，在于通过对袁隆平"发现杂交稻、培育杂交稻，进一步选育'超级稻'的长期而艰难的历程"的记述，展现并颂扬袁隆平40年杂交稻研究历程中坚持真理、挑战权威、创新求变、勤于探索的科研精神。课文中的四件事，既能支撑上述写作要求，又不冲淡主题，切合了文体特征。

与此相同，《心有一团火，温暖众人心》《"探界者"钟扬》两文也是介绍了在 40 年左右的时间跨度中发生的一些并无太多生动情节的平常故事，这些故事，亦是分别紧扣"一把火精神""探界者"这两个核心要素而选材组材。两文虽章法结构存在一定的差异，其介绍人物事迹、揭示人物品质的人物通讯的文体特征并无本质区别。

（二）意义探寻

教材编写者将三篇人物通讯整合为一个学习任务群，其学习任务必然包括对人物通讯这一文体的宏观性认知。作为一种特殊的新闻报道形式，人物通讯在记人叙事之外，必须关注时代的发展变化，必须具备鲜明的时代特征。此外，在对比中发现人物通讯写作的多种技法，也是学习中必须关注的重点信息。

记者采写这三篇人物通讯，却绝非为了普及文体知识，而是为了介绍人物的典型事迹和高尚品格。将三篇文章的作者创作意图和教材的单元主题相结合，则完成该任务群的学习任务时，还必须将美好品德的传承纳入学习活动中，借以影响并雕塑当代中学生的灵魂。

另须注意的是，该任务群的三篇通讯皆非内涵丰厚的复杂文本，教学时无需脱离课文作深度探究。作品中三位主人公在其他方面的事迹或成就，亦不必引入课堂作为拓展性资料。群文阅读的重点，在于发现共性、认知个性。

设计理念

该学习任务群由三篇长文构成。要想在一个课时内完成特定的学习任务，须预设"导读清单"，通过精当的问题引领，引导学生自主筛选并整合相关信息，形成宏观性价值认知。

"导读清单"可包含如下内容：

1. 感知文体：人物通讯及其特征。

2. 辨析文本：（1）区分三篇人物通讯在选材、结构以及主题表达上的不同点；（2）发现人物通讯在事例选择与表达上的独特之处；（3）探究人物通讯在情感、主旨表达上的共性化特征；（4）认知"时间"在人物通讯采写中的重要价值，植根特定的时代背景感知人物言行与品格，了解插叙和抒情议论对于丰富作品内容的价值。

3. 传承品德：对三篇作品中的主人公的精神品质进行提炼，探求内在精神诉求与外在成就间的逻辑关联。

4. 了解人物：依据文本信息，为三篇作品中的主人公编写人物小传。

一、教学目标

● 基础目标：

1. 通读三篇通讯，结合"学习提示"的相关内容，整体感知三篇通讯在素材选用、形象塑造、细节描绘等方面的表达技巧。

2. 了解人物通讯的一般特点，对作品"如何通过不同的渠道采集材料，又是怎样多角度、多层次进行报道"的创作技法展开探究，形成一般性结论。

● 核心目标：

3.借助"导读清单"，完成"辨析文本"中的四项核心任务，培养非连续性文本比照式阅读的信息筛选、提炼与整合能力。

● 拓展目标：

4.以"导读清单"中的"传承品德"内容为载体，感知人物的内在情感和事业成就间的对应关系。

四项目标中，目标1、2为教学重点，目标3为教学难点。

二、教学流程

（一）明确任务，导入新课

师：今天这节课，我们要探究一种新的学习法——群文阅读。怎么读呢？就是要用速读、跳读和对比式阅读，将三篇文章中的重要信息筛选出来，既发现其中的共同点，又发现其中的不同点。课前已经发下了导读清单，这节课就以导读清单上的问题为抓手，带动三篇课文的学习与理解。

【提示】本课时学习内容多且杂，高一学生又是新接触"任务群学习"这一教学方式，故应快速入题，直接告知其学习任务。此导语包含了学法和学习内容两个要素，且能够激发学生的学习好奇心和好胜心，较之以单文本教学中的各种导入，更具针对性和实效性。

（二）整体感知，品读重点

1.通过自主学习，你从三篇课文中发现了哪些共同点？

【提示】（1）均围绕一个核心人物而选材组材；（2）均有较长的时间跨度；（3）均采用以叙为主、叙议结合的手法，在叙事过程中插入大量的评价性内容；（4）均具有较为鲜明的时代特征，文本有一定的时效性。

2. 人物通讯与一般性写人记叙文有何差别?

【提示】需引导学生从新闻性、时效性、社会性等角度展开辨析。注意强化人物通讯的新闻宣传价值。

3. 三篇文章,你更喜欢哪一篇?请结合具体内容或章法结构作简要分析。

【提示】无固定答案。喜欢哪一篇不重要,重要的是为什么喜欢。该问题以引领学生探究文章具体内容或章法结构为目的。

4. 提炼文本信息,完成下列表格:

课 文	主要事件	人物主要品格	章法结构特点
《喜看稻菽千重浪》			
《心有一团火,温暖众人心》			
《"探界者"钟扬》			

【提示】《喜看稻菽千重浪》主要事件:1961年发现天然杂交稻;1961—1966年间顶着权威学者的指责和压力坚持杂交稻研究,并于1964年再次发现水稻雄性不育植株,1966年发表科研论文;1992年发文批判驳斥杂交稻的文章;1986—2000年间提出并实现了杂交水稻育种的战略思想。人物主要品格:勇于实践,敢于探索;坚持真理,敢于创新;尊重事实,不计得失;胸怀理想,乐于奉献。章法结构特点:顺叙为主,叙议结合;版块呈现,主题集中。

《心有一团火,温暖众人心》主要事件:用糖果哄好哭闹的孩子;给赶火车的顾客提前称糖并悉心指路;热情接待生气的女顾客;女儿重病依旧笑脸迎接顾客;刚工作时经验不足只照顾买得多的顾客;新中国成立前被欺负;为面带病容的顾客选糕点;厨师送凳子;各地群众的赞扬。人物主要品格:如火的工作热情。具体体现为:耐心细致,周到体贴,急人所难,热情大度,隐忍克制,爱岗敬业。章法结构特点:"定点绘形"与"散点透视"相结合。

《"探界者"钟扬》主要事件：1977 年考入科大少年班学习无线电；1984 年进入武汉植物研究所，旁听武汉大学生物系课程；2000 年进入复旦大学，致力于种子研究；2009 年成为援藏干部，搜集上千种植物种子；2001 年起致力于科普工作；做"接盘"导师，关爱、培养学生；生命的终结与延续。人物主要品格：探界者，挑战自我，创造奇迹；有责任感和担当精神。

（三）细节比对，突破难点

1. 以"任务"促思考，深化文本信息的理解。

（1）"不忘初心，方得始终。"古今成大事者往往有一个伟大的理想，三篇通讯中的三位主人公年轻时确立的理想是什么？作者如何记述其理想？

【提示】《喜看稻菽千重浪》在第一版块直接介绍袁隆平"下定决心，拼尽毕生精力用农业科技战胜饥饿"的理想，该理想支撑起袁隆平一生的科研行动；《心有一团火，温暖众人心》在中间部分通过对张秉贵在旧社会生活的简要介绍，直接点出张秉贵用全心全意为人民服务"报答党的恩情"的人生追求，该追求是其"主动、热情、诚恳、耐心、周到"的服务态度的思想根源；《"探界者"钟扬》在宣传钟扬的事迹时，始终抓住"兴趣""挑战"而选材组材、表现人物个性品格，其多重身份下取得的成绩，均源自这两方面。

（2）三篇通讯在选材、组材上各有什么样的特点？作者为什么要选择这些素材？

【提示】选材：《喜看稻菽千重浪》只围绕杂交稻研究这一核心事件而选材，突出研究过程中的发现与坚持，淡化科研过程中的具体故事；《心有一团火，温暖众人心》正面、侧面结合，正面写柜台中的言行，侧面写对他人产生的影响；《"探界者"钟扬》分时段叙述不同身份下的不同工作，内容"散"而精神品质"聚"。组材：《喜看稻菽千重浪》如一条贯穿始终的长线，《心有一团火，温暖众人心》若一方吸纳八方水流的湖泊，《"探界者"钟扬》是一串风景各异的景点。作者的选材由其预设的主题确定。

（3）新闻强调"用事实说话"。人物通讯属于广义的新闻，为何三篇课文未将主要笔墨集中到典型事例的描写上，反而大量使用概述和议论？

【提示】第一，新闻通讯重在呈现结果，并不关注过程的生动性；第二，新闻通讯具有时效性和宣传鼓动性，往往直接将主题意义告知读者；第三，新闻通讯和时代需求相呼应，多围绕特定时代的需要精选一个角度进行宣传报道。

（4）由这三篇课文可知，人物通讯在情感、主旨表达上有何共性化特征？阅读该类作品时，如何快速提炼作品的主题意义？

【提示】多由作者直接告知，阅读作品时需关注文字中的议论性内容。

（5）"时间"在人物通讯采写中具有极为重要的价值。请结合三篇课文，探究较长时间跨度下的人物事迹介绍的章法结构技巧。

【提示】①整体上依照时间先后选择事例，以此体现人物思想或精神品质的发展历程；②为了表达的需要，可将最能凸显人物品格的细节前置至全文的开头；③主体部分可适度使用插叙或补叙，打通不同时间内的相似事件，在对比中进一步凸显人物形象。

（6）人物通讯与一般性新闻报道既有相同点又有不同点。从题目拟制而言，人物通讯的题目应该具有何种特征？结合三篇课文进行归纳。

【提示】新闻的标题侧重于陈述发生的事，人物通讯的标题侧重于揭示人物的精神品质。《喜看稻菽千重浪》一文的"喜"，可理解为袁隆平的情怀和价值诉求；《心有一团火，温暖众人心》一文的题目是张秉贵精神及其影响力的高度概括；《"探界者"钟扬》一文的题目揭示钟扬"在生命的高度和广度上""一直在探索自己的边界"的探究精神。

2. 难点突破：如何理解人物通讯中的"闲笔"？

三篇通讯中，都有一些看似无关紧要或扣题不紧的"小事"。比如《喜看稻菽千重浪》一文的前三段，《心有一团火，温暖众人心》一文的女儿得了重病段，《"探界者"钟扬》一文的结婚。这些信息对于展示主人公的性格品质具有何种作用？

【提示】叙事类文本中，闲笔从来不"闲"，多是变换一个角度揭示人物另一方面的特征。有了这些闲笔，人物形象才更为丰富。

（四）提炼主旨，传承美德

1. 思考探究。

三篇通讯中的"劳动"有何共性特征，又各有何种特性？

【提示】共性：奉献才智，服务社会，造福他人和时代。特性：袁隆平的劳动，用科技改变人类的生活；张秉贵的劳动，用态度创造美好；钟扬的劳动，用兴趣和挑战拓展人生、影响他人。

2. 拓展训练。

下面这则短文为2004年《感动中国》颁奖词。该颁奖词的内容，可视作《喜看稻菽千重浪》一文的高度浓缩。请参照此例，以《心有一团火，温暖众人心》《"探界者"钟扬》的内容为素材，为张秉贵或钟扬拟写一则颁奖词。

他是一位真正的耕耘者。当他还是一个乡村教师的时候，已经具有颠覆世界权威的胆识；当他名满天下的时候，却仍然只是专注于田畴，淡泊名利，一介农夫，播撒智慧，收获富足。他毕生的梦想，就是让所有的人远离饥饿。喜看稻菽千重浪，最是风流袁隆平。

【提示】无固定要求，重在筛选提炼关键信息。下面这段文字是2018年《感动中国》栏目组为钟扬拟写的颁奖词，但未能凸显其"探界者"特性，并非理想的示例。

超越海拔六千米，抵达植物生长的最高极限，跋涉16年，把论文写满高原。倒下的时候双肩包里藏着你的初心、誓言和未了的心愿。你热爱的藏波罗花，不屑于雕梁画栋，只绽放在高山砾石之间。

第 5 讲　追寻生命的内在尊严

——《以工匠精神雕琢时代品质》创意解读与教学设计

课程定位

　　《以工匠精神雕琢时代品质》隶属于统编版高中语文必修上册第二单元，体裁为新闻评论。"单元学习任务"第二点第 2 项中，该课的学习任务被定义为"梳理《以工匠精神雕琢时代品质》一文的思路，体会文章是怎样辩证地讨论有关'工匠精神'的话题的"。

　　"单元学习任务"第二点第 3 项中，教材编写者又为该课确立了"思考《以工匠精神雕琢时代品质》在选择评论角度方面的特点，在此基础上，从本单元的人物通讯中任选一篇，基于其呈现的事实，考虑可以从哪些角度进行评论"的学习任务。

　　归结上述两项学习任务可知，《以工匠精神雕琢时代品质》虽为短文本，其学习任务却至少可分解为三点：梳理行文思路，剖析评论角度，学写新闻评论。其中，第三点既是对前两点任务的归纳与运用，也是对前一篇课文的复习与提炼。

文本解读

一、细读文本，感知重点

《以工匠精神雕琢时代品质》共有五个段落。

第1段从时代特征切入，引出"工匠精神"这一论题，并在"工匠精神"与"企业追求"的比对中，点出工匠精神"雕琢技艺、打造产品"的重要价值。

第2段先为"工匠"正名，强化其"心思巧妙、技艺精湛、造诣高深"的独特内涵；再简要阐释工匠精神之于企业和国家的重要意义。此段文字只强化观点，并不展开分析论证。

第3段抓住"工匠精神""改变世界的现实力量"而展开分析。先以"赋予器物以生命""刷新着社会的审美追求，扩充着人类文明的疆域"的现实成就阐释"匠人"的存在价值，再从否定与肯定两个角度阐释在当下社会倡导"工匠精神"的迫切性和必要性。

第4段追根溯源，探究"工匠精神"的思想内涵、文化基因与社会意义，倡导"人人成为工匠精神的践行者"。

第5段呼应开头，立足时代气质而展望未来。将"工匠精神"提升至"社会品格、国家形象的荣耀写照"的高度进行讴歌，具有强烈的感染力和号召力。

汇总这五段文字，并将其纳入一般性议论的常规思维路径中，不难发现其评论的核心，依旧是常态化的"是什么""为什么""怎么样"，即"什么是工匠精神""为什么要倡导工匠精神""如何践行工匠精神"。文章的整体结构，也大体遵循了"提出问题、分析问题、解决问题"的常规章法。五段文字的真正亮点，在于将传统的工匠精神和现代的价值诉求结合在一起，赋予"工匠精神"以无限丰厚的精神品质和文化内涵。此种意义阐释，对于扭转当下社会中普遍存在的浮躁风气和短视心态，具有一定的疗救价值。

二、归纳提炼，突破难点

（一）工匠精神

文章虽处处围绕"工匠精神"而展开，却并未形成严谨的概念界定。作者笔下的"工匠精神"，既是手工匠人体现在技艺雕琢和产品打造上的炉火纯青的品质，又是现代社会"擦亮爱岗敬业、劳动光荣的价值原色"，亦是超越于具体的职业、具体的技艺之上，对所从事的职业或者事业的"发自肺腑、专心如一的热爱""臻于至善、超今冠古的追求"和"冰心一片、物我两忘的境界"，更是"格物致知、正心诚意的生命哲学"和"技近乎道、超然达观的人生信念"……这些诠释性文字，绝非辞典类工具书中的标准化定义，而是极具主观色彩的个性化表达。

（二）时代品质

第一句中的"更加注重精细品质和独特体验"貌似归纳出当今社会的时代品质，但此种表述过于大而化之，只强调了对他物的共性化要求，却忽视了对人类自身诸多行为的深切反省。正如文中所言，"人与人从来都有职业品质、专业精神的差别"，时代品质的构成，必然离不开千差万别的"职业品质、专业精神"背后的具体行为。我们当然不否认社会中存在着众多的"将产品当成艺术，将质量视为生命"的能工巧匠以及企业管理者，同样也无法否认社会中存在着一定量的轻视劳动、一门心思钻各种空子的投机取巧者。此种鱼龙混杂，拼装出当下社会既无限庞大又十分脆弱的经济形态，一方面不断创造一个又一个的经济神话，另一方面又不断压缩相当数量的实体企业的生存空间，让"中国制造"不得不面对着多方面的困难。

或许正是基于社会发展中出现的某些畸变，也或许正是为了更好地护航国家的实体经济，本文才呼唤"以工匠精神雕琢时代品质"。作者希望借助于"工匠精神"雕琢出来的"时代品质"，是"质量至上、品质取胜的市场风尚",是"创新引领、追求卓越的时代精神",而非"浮躁风气、短视心态"。唯有建立起这样的"时代品质","中国制造"才能"强筋健骨","中国文化"才能"立根固本","中国力量"才能"凝神铸魂"。

教学设计

设计理念

  《以工匠精神雕琢时代品质》的课程定位,决定了其教学重难点只能落实在文本的体裁与结构之上。学习该课时,须先借助一定量的驱动性任务,引导学生从文本中提炼相关信息,完成文章思路的梳理;再依托预设的学习情境,组织合作探究,利用文中知识解决现实问题。至于是否需要模仿写作新闻评论,则需依据具体学情而定。

一、教学目标

● 基础目标:

1. 思考并提炼《以工匠精神雕琢时代品质》在选择评论角度方面的特点,学会依照表达需要而精选立论视角。

● 核心目标:

2. 梳理文章思路,探究作品辩证阐释"工匠精神"的论证技法。

3. 对"工匠精神""时代品质"形成宏观性认知。

● 拓展目标:

4. 从上一课的人物通讯中任选一篇,基于其呈现的事实,自选角度进行评论。

四项目标中，目标 2、3 为教学重点，目标 4 为教学难点。

二、教学流程

（一）创设情境，明确任务

师：多灾多难的 2020 年终于过去了。这一年间，中美两个大国屡次过招，上演了一出又一出的制裁与反制裁的经济情景剧，其中，华为公司的芯片之痛最令人扼腕。今天这节课，我们将用《以工匠精神雕琢时代品质》充当听诊器，问诊当下中国的社会经济。

今天的学习有三项任务：1. 寻找"芯片之痛"背后的工匠精神；2. 立足时代品质，进一步丰富"工匠精神"的文化内涵；3. 从观点确立、角度选择、行文逻辑等三个方面探究新闻评论的相关特点。

【提示】情境的价值，在于为自主学习提供真实的载体。有了载体，思考与探究才能落到实处。情境须贴近生活，能够激发真实的思考，能够服务于真正的学习。时事在变，情境也要随之而变。

（二）整体感知，突破重点

任务一：面对"芯片之痛"，华为公司全力推进"南泥湾计划"，追求企业发展的"南泥湾精神"，即"艰苦奋斗、自力更生的意识形态，调查研究、实事求是的工作方法，上下一致、共克时艰的优良作风，勇于创造、敢为人先的进取精神"。请结合课文内容，参照"南泥湾精神"的表达方式，归纳提炼"工匠精神"的多元内涵。

【提示】情境既是活动的载体，也为活动本身提供必要的示范。课堂上呈现华为公司的"南泥湾精神"，目的在于构建特定的学习任务群，为梳理课文内容、提炼"工匠精神"提供比照对象和文本示范。

活动一：自主阅读，在课文中画出能够体现"工匠精神"相关特征的句子，然后以四人为一个学习小组，交流各自的发现与思考。

活动二：参照"南泥湾精神"的表达方式，合作提炼"工匠精神"的多元内涵。用整句的方式进行表达。

活动三：交流发言。需为提炼出的"工匠精神"提供有说服力的论据，且论据必须来自课文，不得从课文之外引用素材。

【提示】活动是落实任务的过程。活动的价值，一是为了变"学教材"而为"用教材学"，二是为了培养自主探究的能力，让学习真正发生。此处的三个活动，起于自主细读文本，发展于合作提炼探究，结于有逻辑地表达交流，可引导学生熟读并有条理地整合课文内容。

（三）走进文本，丰富体验

任务二：依托文本内容，结合华为公司的"芯片之痛"，探究信息时代"工匠精神"的新内涵。

活动四：课文中的"工匠"存在着意义上的多次引申，请依照由小到大、由具体到抽象的顺序，列出其多层引申义。

【提示】课文中的"工匠"，基本义是传统意义上的匠人；第一层引申义是爱岗敬业的普通劳动者；第二层引申义是所有行业的从业人员，包括基层公务人员；第三层引申义是现代企业和现代社会的高层管理人员；第四层引申义是现代企业和政府；第五层引申义是国家。文章倡导"工匠精神"，并非为了给传统工匠设定道德高标，而是为了给各行各业、各类企业和各级政府机构设定经营管理的道德准则。

活动五：思考并探究在"更加注重精细品质和独特体验的时代"，为什么企业家会"真的希望工匠精神可以变成我的墓志铭"？华为公司一直致力于追求"精细品质和独特体验"，为何却遭遇"芯片之痛"？

【提示】第一段将信息时代下"企业对高精尖、炫彩酷的不懈追求"和"工匠精神"并举呈现，旨在强化现代化企业发展所需的"雕琢技艺、打造产品"的意识与能力。将该段文字和华为"芯片之痛"相结合，则会发现"高精尖、炫彩酷"仅只体现了"工匠精神"中不可缺少的创新精神，却忽视了"工匠精神"中"一盏孤灯一刻刀，一柄标尺一把锉"的冷板凳品质。华为的"芯片之痛"就痛在其只注重研发，不注重生产。将生产委托给其他企业的恶果，就是受制于人。

活动六：你对文章的观点及其分析是否完全认同？请结合课文内容，陈述理由。

【提示】2016 年的新闻评论，放在当下的时代背景下审视，或许便有一定程度的认知缺憾。该活动旨在引导学生理性认知他人观点，学会用自己的眼光和思想分析评价他人的主张。组织活动时，需将对方观点和论证过程结合起来，借此提炼作者的评论角度和行文逻辑。

（四）感知文体，学会评论

任务三：以本文为例，向同桌有条理地介绍"新闻评论"这一实用性文体。

活动七：自主查阅相关资料（教材"学习提示""单元学习任务"、教辅资料、教室中的网络终端信息等），提炼"新闻评论"的特点。

活动八：依照任务开展交流活动。

【提示】教材"学习提示"和"单元学习任务"已对"新闻评论"进行了详细介绍。该任务的落实重点，在于结合课文"有条理地介绍"。要完成该任务，就必须准确把握文章的内在逻辑结构。

（五）群文共读，感知运用

任务四：以本课观点为依据，探究上一篇课文中三位主人公身上的"工匠精神"。要求任选一位主人公，从其诸多事迹中精选一个角度进行分析。

【提示】袁隆平身上体现出的"工匠精神"，包括直面失败的科学态度、挑战权威的创新精神、实事求是的严谨作风、勇于担当的责任意识；张秉贵身上体现出的"工匠精神"，在于爱岗敬业、精益求精；钟扬身上体现出的"工匠精神"，在于博专结合、不计名利、不懈奉献……三个人的精神品质，有些在"工匠精神"的特征阐释中有明确体现，有些则构成"工匠精神"的新内容。

完成该任务时，可要求学生依照"提出问题—分析问题—解决问题"的结构展开分析，强化"分析问题"时的逻辑性。

第6讲　每一个生命都需栖息

——《文氏外孙入村收麦》创意解读与教学设计

课程定位

　　统编版高中语文必修上册第二单元第六课最初由《芣苢》《文氏外孙入村收麦》两首古典诗歌构成。前者选自《诗经·周南》，后者为北宋文学家苏辙晚年闲居颍昌时期创作的一首七言律诗。这两首古典诗歌和另外三篇人物通讯以及一篇新闻评论，共同组合成以"劳动"为关键词的主题单元。

　　在第二单元的"单元导语"以及"学习提示"中，这两首诗歌的主题被教材编写者确立为"歌咏劳动的美好与欢乐"。依照教材编写者为该单元设定的学习目标，教师应该引领学生通过对两首诗歌的学习，深入体会"劳动最光荣、劳动最崇高、劳动最伟大、劳动最美丽"的思想，形成正确的劳动观念。

　　《芣苢》在重章叠唱、回环往复中确实表达出了劳动过程中的愉悦。这份愉悦，是面对收获时的应然心态。《文氏外孙入村收麦》的主题却相对复杂，诗歌固然是以对比手法写出了久雨忽晴、宜事农桑的喜悦，以充满乡村气息的饮食，侧面展现出劳动场面的热烈，讴歌了浓浓的亲情以及劳动的欢乐，但字里行间也隐藏着心有余而力不足的无奈和老之已至、生活困顿、理想破灭的苍凉。

文本解读

一、细读文本，感知重点

让我们先把目光投向诗歌本身，从四联八句的 56 个字中品读苏辙的复杂而丰厚的情感。

"欲收新麦继陈谷，赖有诸孙替老人。"开篇处的"欲"，指向心理活动。"欲收"说明想收而未收。为何未收呢？原因有三：连续阴雨，场圃损坏，年老体弱。有此三点，"欲收"便无法转换为"已收"。"欲收"中的情感，显然是忧愁多于喜悦。①

"赖"也是一个极有味道的词汇。欲收新麦却因自身年老体弱，无法承受田野劳作之苦，幸而有外孙文骥以及其他孙辈的青年前来帮忙，苏辙的内心应该是松了一口气。只是，苏辙为何不说"幸有诸孙替老人"，而只是选用了"赖"字？"赖"作为副词使用时可以释义为"幸而、幸亏"，作为动词时又有"依赖、依靠、依恃"的意思。或许，苏辙正是要借助这一"赖"字，既表达出有年轻后辈帮忙劳作的愉悦，又抒发不得不依赖他人才能达成心愿的感叹。熟悉农村生活的人都知道，新麦收割时节谓之为"双抢"，既要抢在梅雨季来临之前把麦子收割、脱粒、晒干，又要把空出来的土地翻耕出来，抓紧时间把秧苗插上。这大约一周的时间内，即使是壮劳力也得忙活得脱一层皮。已经步入老年的诗人，显然无法胜任这份农事，只能依赖于后辈年轻人的帮助。

"三夜阴霪败场圃，一竿晴日舞比邻。"如果将这两句诗和首联的两句放在一起，依照时间的先后次序进行编排，则前四句的正确顺序应该是"欲收"句为第一句，"三夜"句为第二句，"一竿"句为第三句，"赖有"句为第四句。苏辙故意打乱了表达的次序，将此两句对比着放置到颔联中，

---

① 曾枣庄. 苏辙对北宋文学的贡献 [J]. 四川师范学院学报（社会科学版），1984（04）：81—88.

借以形成情感上的巨大反差。"舞比邻"不言自身因天气放晴而生出的欢欣，却以邻家情感言事，这便让诗句中的愁与喜都具有了共性化特征。

"急炊大饼偿饥乏，多博村酤劳苦辛。"大饼是种什么饼，或许并无定论。可以肯定的是，此处的"大饼"不过是一种很简单的面食，其功能仅只是"偿饥乏"，而非饱口舌之欲。"急炊"之"急"，也不是内心的情感体验，而是动作行为的忙碌与快捷。可以想象的镜头是：老年的诗人先是在田间参与年轻人的割麦，忙碌之余突然发现天色已近正午，年轻人该腹中饥饿了，便急急忙忙赶回家中，心急火燎地督促女眷赶紧生火做饭，然后又急匆匆地赶往村中的小酒馆买酒。这样的一组镜头，倘若放在寻常田家老翁身上，属于再正常不过。但当它和苏辙这个名字结合在一起时，便有了一种冲击力。老年的苏辙应该拥有的是什么样的生活呢？最理想的画面当然是在朝堂上与君王共谋天下大事；稍为逊色的画面是如被贬滁州的欧阳修，与民同乐之中为一方百姓谋求着安宁富足；最差的画面也应该是归隐于某个深宅大院，以诗书美酒和满室子孙安享晚年。遗憾的是，苏辙无法拥有这些生活，只能如千万个农家老翁一样，为了生存而劳碌不已。孟子说："劳心者治人，劳力者治于人。"为了收割新麦而劳碌的苏辙，又岂止是"治于人"？①

颈联中的"劳苦辛"也需要特别关注。将他人的劳动场景作为一种风景观赏时，观察到的或许是力量之美、收获之美、创造之美。置身于劳动过程中时，其感受便是劳累困乏。苏辙对这"双抢"时节的劳作显然有着清醒的认知，因为他不再是景物的观察者，不再是从诗歌创作的角度观察劳动，而是成为劳动中的一个组成部分。苏辙承认田园劳作中的苦辛，希望用村野中的几杯浊酒，帮助孩子们消解这份疲惫。劳，意为慰劳、犒劳。只能以"村酤"犒劳年轻人，苏辙是心存愧疚的，但又无可奈何。唯一能够消解这份愧疚的，便是"多博"。

"闭廪归来真了事，赋诗怜汝足精神。""真了事"和"足精神"，被学

---

① 李真真. 蜀党与北宋党争 [D]. 济南：山东大学，2007：45-61.

界解读为"对外孙劳动结束关仓归来后的赞叹，诗人表示要写一首诗表扬对方"。解读者认为这句诗"语言风趣，充满喜悦，表现了诗人的洒脱情怀与拳拳亲情之乐"。我读该诗时，却从这"真了事"中读出了一种"曾经沧海难为水"的生命感触。当田野中的粮食收归仓廪之后，世间万事便皆可用一"了"字作结。"了"的岂止是自然界的庄稼，又如何不包括人生应有的收成？可惜的是，自然界的庄稼都已颗粒归仓，人生的庄稼却干瘪荒芜。面对此情此景，苏辙在感慨年轻人"足精神"的同时，又如何不感叹自身的垂垂老矣而壮志未酬？

二、归纳提炼，突破难点

汗牛充栋的古典诗歌中，以劳动为主题的文人诗少而又少。毕竟，绝大多数诗人生活于远离田园的仕宦之路，很少需要为柴米油盐发愁。即使是穷困潦倒如诗圣杜甫，也似乎从未移步禾黍之地，依靠自身的力量耘理庄稼，养家糊口。至于"晨兴理荒秽，带月荷锄归"的陶渊明，其乡野劳作也是诗意大于生存。

苏辙的这首诗歌，至少在表层意义上直接展示了劳动的景象，抒写出劳动者而不是诗人的真切感受。苏辙和他的兄长苏轼一样，对于真正的田园劳作或许持有一种本能的价值认同。苏轼被贬黄州时开垦了数十亩荒地，不但自己种粮食种蔬菜，还把家乡四川的菜种引入湖北，把种植技术毫无保留地教给黄州百姓。苏轼此种随遇而安的人生态度和对待劳动的真诚情感，一定借助于兄弟间的书信往来和诗文唱和传递给了苏辙，令苏辙在历经宦海浮沉之后的晚年，得以持有一份极为平和的心态面对田园劳作。

读《文氏外孙入村收麦》时，倘若屏蔽了作者的姓名，再将尾联的"赋诗"二字隐藏起来，则整首诗歌中呈现出的抒情主人公形象，便是一个十足的农家老翁。这个老翁，不知采用了什么样的方法才勉力度过了青黄不接的春天，终于迎来了新麦的成熟。然而，天公不作美，连绵的阴雨耽搁了新麦的收割，家中也缺乏壮劳力，该如何才能让这一茬的庄稼颗粒归仓呢？这着实有点令他发愁了。好在亲人来助阵了。几个孙子辈的小伙子赶来了，赶在久雨初晴的这个初夏，赶在新麦依旧在秸秆上摇曳着金黄的麦粒的收割时令，赶在场圃中积水已经干涸、石碾子即将登场的希望时节。小伙子们多能干多勤劳呀，运镰如风，挥汗如雨，那一大片的麦地，很快就收割完毕。他们一定很饥很饿了吧，在田野中出不上力，还是回到家中去张罗饭菜吧。农家的双抢，谁有时间和能力烹饪一桌佳肴呢？烙几张饼，炒点野菜，买点散酒，姑且慰劳孩子们的苦辛……

没有接触这首诗歌之前，很难想象一代文豪笔下的乡野劳作生活竟然如此别有情趣。从内容看，整首诗歌虽只区区 56 字，却展示了迥异于盛唐山水田园诗的独特景致与情感。诗歌中既有"欲收新麦继旧谷"的生存压力，又有畏惧天雨影响收割的担忧，还有久雨初晴的喜悦、诸孙前来帮忙的欢欣、麦粒归仓的释然。这些极具人间烟火气息的内容与表达，让我们感受到的不再是纵论古今的政论家的严肃，不再是诗酒年华的辞赋家的洒脱，只有一位阅尽人生沧桑的长者，面对了一茬成熟的庄稼和一群生龙活虎的子孙，内心深处油然而生的一种自得和宽慰。在这份自得与宽慰中，几十年的功名、数十载的理想、若干次的沉浮，都抵不过粮仓中实实在在的收获。

苏辙创作这首诗歌时，因受元祐党争的牵连，已经历了近十年的放逐。公元 1100 年二月，苏辙从岭南抵达颍昌，定居于此，直至 1112 年病逝。闲居颍昌期间的 1102 年五月，朝廷下诏，对苏辙等 50 余人，"并令三省籍记姓名，不得与在京差遣"。1102 年六月，他的官阶也从太中大夫（从四品）降级为朝请大夫（从六品）。1103 年四月，朝廷又下诏焚毁三苏及其门人著作的印板。1104 年六月，朝廷下诏颁布元祐党人名单，并令刻石于天下州军，计 309 人，苏辙名列其中。1106 年，朝廷再下诏令，命令曾任宰臣执政等官不得到阙下，苏辙也在其中。这一连串的打击，彻底阻断了苏辙重返朝堂的路径，使其激荡内心数十年的家国情怀归于沉寂，取而代之的是离群索居的寡欲与清心。对于已然识尽愁滋味的老年苏辙而言，这样的寡欲和清心，虽是迫不得已，却也不失一份豁达通透，一如乌台诗案之后的苏轼。

每一个灵魂，都需要一方精神栖息地。苏辙的灵魂，到底是该安放在这麦收后的田野，还是该安放在风狂雨骤的庙堂？或许谁也无法给出一个标准答案。

教学设计

设计理念

《文氏外孙入村收麦》本为第二单元第六课中选录的课文，教材修订时被杨万里的《插秧歌》取代。该诗可作为对比阅读的拓展文本，安排一个独立的教学课时，用以引导学生认真咀嚼文字背后的多层意蕴。

一、教学目标

● 基础目标：

1. 结合单元导语和课后学习提示的相关内容，整体感知诗歌的主题与情感。

2. 梳理诗句，品读"欲""赖""急""劳"等词语中凝聚的情感。

● 核心目标：

3. 借助文本细读，探究诗歌的多层意蕴，感知诗人旷达乐观的人生境界，初步掌握诗人表情达意的基本手法。

● 拓展目标：

4. 简单了解诗歌创作背景，了解"元祐党争"。

四项目标中，目标 2 为教学重点，目标 3 为教学难点。

二、教学流程

（一）整体感知，发现难点

1. 通过自读，你从诗歌中收获了哪些信息？

2. 将这些信息进行归总，苏辙想要借助这首诗歌传递出什么样的思想或情感？

3. 自主学习中，你对诗歌的哪些内容存在疑问，又是如何解决这些疑问的？

【提示】组织学生交流从诗歌中读出的信息，然后在相互补充中不断加深对诗歌内容的认知，目的在于强化初读体验，鼓励学生课前多预习。交流自主阅读中发现的疑难问题和解决问题的方法，目的在于通过相互开启加深对文本内容的理解，生成新的学习资源。

（二）诵读词句，体悟情感

1. 变换方式诵读诗歌。可采用的方式包括自由吟诵、有感情朗诵、男生齐读、女生齐读、全班齐读、点名朗读、教师范读等。

要求：自由吟诵读准节奏，有感情朗诵读对情感，男生女生齐读读出韵律，全班齐读读出文本熟识度，点名朗读读出个性化理解，教师范读读出诗歌的内在情感厚度。

2. 诗歌浅层意义梳理。

要求：用散文化语言描述诗句内容，注意表达的准确、生动与连贯。

【示例】终于要收割新熟的麦子来接续去年的陈谷了，幸亏有各孙辈来替我收割庄稼。连续几个晚上的雨毁坏了早已收拾干净的场圃，今天终于放晴，初升的太阳令乡邻们无比欢欣。赶紧做好大饼给孩子们吃，割麦太累，他们肯定早已饥饿困乏；多买一些乡村的家酿酒来慰劳辛勤收割的诸孙。收好新麦关闭粮仓回到家里才算是结束了农事，写下这首诗歌，赞扬孩子们不辞劳苦的精神。

3.思考与探究。

贯穿全诗的情感是什么？每一联又是如何呈现这一情感的？

【提示】诗歌虽也有因雨而生的焦虑，但整体上侧重于表达因外孙的帮忙而新麦归仓的喜悦。首联着一"赖"字直言欣慰；颔联借一"舞"字描绘欣喜；颈联表面写辛苦，背后则是庄稼收割完毕的释然；尾联以"怜"抒发对青年人"足精神"的赞叹。

（三）走进文本，丰富体验

1.以问题带动各联的赏析。

以预设的问题带动各联的赏析。每一个问题提出后，视学生理解情况提问二三名不同学力的学生。

（1）首联中的"欲收"只是客观陈述吗？其中是否包含了诗人的主观情感？

【提示】既是客观陈述，又包含了因下雨、场圃泥泞、没有劳力等因素的影响而"欲收"却难收的焦虑，为后文的欣喜作铺垫。

（2）首联中的"赖"如何理解？"赖"中包含了哪些情感？

【提示】"赖"侧重于表达因外孙到来而生发的喜悦。也隐含了其他情感。参见"文本解读"中的赏析。

（3）颔联为何要强调"舞比邻"？此联采用了哪些手法，包含了哪些情感？

【提示】对面落笔，借邻家的欢欣表现诗人自己的欢乐。这样写，让情感具有共性化特征。

（4）颈联中的"急"写出了什么样的内容？为何不是张罗一桌饭菜，而是"急炊大饼"？

【提示】不强调答案的具体内容，侧重引导学生关注乡村生活的简单与辛劳。

（5）"苦辛"二字具有何种内涵？"饥乏""苦辛"与"大饼""村醅"构成何种对应关系？

【提示】"文本解读"中的阐释仅供参考，教学过程中，学生如有更合理的解读，应充分尊重其理解。

（6）"真了事"体现的是颗粒归仓后的喜悦吗？"赋诗怜汝足精神"中的"怜"与"足"应该如何理解？

【提示】此问涉及文本解读的不同层次。如果学生只理解为喜悦，也不必非要将情感拉到诗歌鉴赏的知人论世之上。"文本解读"中的内容可供参考。

2. 综合探究：诗人在诗作中的情感经历了哪些变化？《文氏外孙入村收麦》真的是在赞美劳动的美好吗？

呈现问题后，先独立思考，再合作探究，然后抽样呈现研究成果。

【提示】情感变化为"担忧（欲收新麦却年老体弱）—焦虑（三夜阴霾）—欣喜（一竿晴日）—愉悦（诸孙替老人）—感谢与愧疚（急炊大饼、多博村醅）—释怀（闭廪、赋诗）"。诗歌真正的创作意旨并不在于赞美劳动，而在于表达对外孙前来帮忙收割的谢意。劳动本身是一种辛劳，劳动成果却足以让每一个人开心。

（四）走进作者，寻觅心音

1. 思考与表达。

（1）没有学习这首诗歌之前，你印象中的苏辙是一个什么样的形象？诗歌中的苏辙又是一个什么样的形象？

【提示】该问题无需形成统一认知。其价值只在于先在学生的脑海中建立一个形象，然后通过下文的学习，突破固有的价值认知。

（2）是什么样的因素导致了此种差异？

在学生回答的基础上，利用 PPT 作补充介绍。

出示 PPT：

公元 1085 年，神宗病死，不满十岁的哲宗继位，由其祖母高太后听政。次年，任用旧党领袖司马光为相，尽废王安石新法，荐用旧党，恢复旧制，排除新党。一年后，司马光病逝，旧党内部分化为以理学派创始人程颐为首的"洛党"，以刘挚、梁焘等人为主要成员的"朔党"，以苏轼、苏辙为主要成员的"蜀党"，朝政陷入混乱。

元祐八年（公元 1093 年），高太后病逝，哲宗亲政，重行新法，启用新党，全面打击元祐旧党。

出示 PPT：

元祐元年至元祐七年，苏辙累官至门下侍郎。绍圣元年（公元 1094 年）四月，苏辙黜知汝州；六月，降知袁州；七月，赴袁州途中再贬为"试少府监、分司南京、筠州居住"；绍圣四年二月，元祐大臣被集体流放岭南，苏辙贬为"化州别驾、雷州安置"；元符元年（公元 1098 年）三月，苏辙再贬为"循州安置"；元符三年正月，哲宗驾崩，徽宗继位，大赦天下，五月授苏辙濠州团练副使、岳州居住；十一月授苏辙太中大夫、提举凤翔府上清宫、外州军任便居住，苏辙选择了颍昌作为闲居之地；崇宁元年（公元 1102 年），蔡京执掌朝政，开始全面打压元祐党人，怂恿徽宗籍定"元祐责籍并元符末叙复过当之人"一百二十名，不得除授在京差遣，并"等其罪状，谓之奸党，请御书刻石于端礼门"。闰六月，苏辙由太中大夫降为朝请大夫；崇宁二年，苏辙避居汝南，不久后返回颍昌，直至生命终结。

（3）宦海浮沉数十年，这样的人生经历在《文氏外孙入村收麦》中是否有所表现？

【提示】该问题涉及对诗歌深层意义的理解，可能会和课堂前部分获取的信息构成认知冲突。教师须根据学生的理解力而组织探讨，不要在学生理解力之外生拉硬拽，更不要直接告知那些超过学生理解力的答案。

（4）苏辙是真心热爱诗歌中描绘的乡村生活吗？

【提示】开放式命题。认同者可结合苏氏兄弟随遇而安的性格进行分析，不认同者可立足儒家的经世济民的价值诉求而分析。

（五）走进文化，润泽情怀

1. 借助于上述各种分析，你认为苏辙创作该诗的真正目的是什么？

【提示】从浅层意义看，用诗歌表达对外孙的感谢；稍深一个层次，也可以理解为借诗歌来颂扬外孙的美好品德，帮他扬名；更深一个层次，还可以理解为对随遇而安的人生态度的间接表达；最深层次，或许也可理解为以欢写悲，以乡野劳作反衬功业无成。

2. 学习《文氏外孙入村收麦》后，你收获了哪些人生启迪？

【提示】此问需结合单元主题以及单元学习任务而思考，教师需注意点拨，把学生的思维往应有路径引领，防止脱离文本、脱离目标、脱离课程的随意空谈。

（六）拓展迁移，深化觉解

以"文人的劳动"为主题，以苏辙或苏轼为素材，写一篇短论。

借助于上述教学设计，可引导学生既深度鉴赏诗歌本身的内容与情感，又在知人论世中探究古代知识分子的家国情怀和社会责任意识，感知个体生命在逆境中的自我减压和自在绽放。

第 7 讲　未经体验的生活不是诗歌

——《插秧歌》创意解读与教学设计

课程定位

　　统编版高中语文必修上册第二单元第六课最初由《芣苢》《文氏外孙入村收麦》两首古典诗歌构成。2019 年版的教材中，以杨万里的《插秧歌》替换了苏辙的《文氏外孙入村收麦》。编者之所以这样替换，或许是认为《插秧歌》的内容与情感更切合该单元的"劳动"主题。

　　在第二单元的"单元导语"以及"学习提示"中，两首诗歌的主题被预设为"歌咏劳动的美好与欢乐"。《文氏外孙入村收麦》缺乏对该主题的正面描绘，且字里行间隐藏着心有余而力不足的无奈和老之已至、生活困顿、理想破灭的苍凉。相比较而言，《插秧歌》以纯白描的手法正面描绘了劳作场景，既写出了劳作的艰辛，也呈现出一家人通力合作的伦理人情，诗歌的画面感更强。

　　学习该首诗歌，应依照教材编写者为该单元设定的学习目标，引领学生通过对诗歌内容与情感的鉴赏，理解劳动，尊重劳动，形成正确的劳动观念。

文本解读

一、细读文本，感知重点

享年 80 岁的诗人杨万里，据传一生创作了两万多首诗歌。其中，反映农民生活的诗作流传下来的约 70 首，多从观察者与悲悯者的视角描绘农民的日常劳作场景，或抒写对劳动的赞美，或表达对民生艰难的同情，或寄托对美政的期盼。《插秧歌》为这类诗歌中的代表性作品之一。

从字面意义上看，《插秧歌》侧重于描绘劳动的忙碌与艰辛：力气小的"小儿"在另一块田中拔秧，壮劳力的田夫既要把小儿子拔下来的秧苗挑到等待栽种的水田边，还要把这些秧苗抛到水田的各个角落，供田妇和大儿子插到泥土中。这样的劳作，或许从天刚亮便开始，本想一家人都起个早，吃点苦，把秧苗早一点插完，但天公偏偏又不作美，以一场大雨来增加劳作中的难度。然而，时令不等人，再难也要赶上农时把秧苗插完，所以当家人送来早饭时，四口人或许都忙得忘记了饥饿，只有田夫或田妇一边忙碌一边大着嗓门叮嘱送饭人，秧苗刚插，还未生根，赶快回家去把鹅鸭看好，千万别让它们跑到这新插的秧田中……

将文字往深度品鉴时，诗句的字里行间便又能品出新的滋味。

首先需要思考的是：诗人在哪里？诗人不是劳动的直接参与者，只是身处忙碌之外的观赏者。当诗人将田夫一家分工协作的劳动场景采用分镜头呈现的方式逐一描述出来时，他所看到的便是这一家人共同劳作时的其乐融融，是一种人人各尽所能、彼此互相呵护的温馨。诗人的此种感受是否会和劳动中的当事人的真实情感体验完全相同呢？可能性或许很小。倘若是和风轻抚、阳光温和的清晨，两个孩子或许还能接受这样的劳作；顶着狂风暴雨，从头到脚被淋成了落汤鸡，就算口中不说，心中也肯定不是万丈豪情，只能是满腹怨愤。

旁观者和当事人在同一件事上体现出的情感反差，在生活中几乎随处可见。比如，狂风暴雨中一个三轮车夫吃力地爬一道坡，观赏者看到的是力量、勇气和抗争精神，当事人感受到的更多却是生活的艰难。

其次需要思考的是：这首诗好在何处？诗歌采用了纯白描的手法，以分镜头、分时段描绘的方式，在短短的56个字中，既勾勒出五个人物，又描绘了由晴到雨再到晴的天气变化，还写出了从天明到早餐的时间跨度和从田园到家中的空间跨度，头绪繁多，但丝毫没有杂乱感。颔联写雨时，不直言雨势之大，而是以形象化的比喻作暗示。该联中的"兜鍪"与"甲"这两个喻体，并非取其坚硬的本性，而是取其能够发出的声响设喻。当雨打在斗笠和蓑衣之上，竟然发出类似于敲击"兜鍪"与"铁甲"的响声时，雨便绝不会是牛毛细雨，只能是大暴雨。这样的雨，砸在身上时必然伴随着无法避开的疼痛。更重要的是，"兜鍪"与"甲"是战场上最重要的防护装置，进入到本诗中，这防护却丝毫发挥不了作用，只能听任"雨从头上湿到胛"。

颈联的"唤渠朝餐歇半霎，低头折腰只不答"中，田埂上呼唤的人并未写明身份，依照生活常识而言，或许是田夫的父亲或母亲，也或许是田夫的女儿。诗歌前五句正面写的是四口人的忙碌，这句和下联却又侧面写出了家中的忙碌。此联中的"不答"应该理解为不答应停下来吃早饭，并非不回答。尾联的"秧根未牢莳未匝，照管鹅儿与雏鸭"便属于回答的内容。

尾联在虚实关系的处理上可分解出多个层次：第一层次是"秧根"句写实，"照管"句写虚；第二层次是想象鹅鸭跑到新插的秧田中的景象，为虚写；第三层次是以家中的鹅鸭和田野中的新插秧苗呈现出一个普通农家的丰衣足食，寄托一种祝福，亦为虚写。

鉴赏该诗时，整首诗歌的语言亦需特别留意。诗歌首联完全采用白话与口语的方式入诗，尾联亦完全模拟田夫或田妇的口吻直接入诗，体现出农村题材诗歌应有的亲民性。中间两联的语言稍加锤炼，用词相对精致。稍有缺陷的是，颔联的比喻固然能够间接体现雨的态势，但读来有拗口之感，比喻亦缺乏诗歌应有的灵动性。这一点，或许也和诗人缺乏真正的狂风暴雨中的劳作体验紧密相关。

二、归纳提炼，突破难点

（一）诗歌中共有几个人

教材的"学习提示"中，明确指出"《插秧歌》运用民歌手法，选取日常劳动场景，描绘一家四口趁着农时冒雨插秧的紧张生活"。此总结给部分读者带来了误导，使其误以为诗歌只描述了四个人的劳作。事实上，"一家四口"只是在农田里"冒雨插秧"的人。诗歌中还存在着一个"唤渠早餐歇半霎"的第五人。

由诗歌首联内容可知，小儿在秧苗田中拔秧，田夫把小儿拔好的秧苗挑到待插秧苗的水田边上，再将这些秧苗抛给在水田中插秧的田妇和大儿。家中的四个"劳力"已全部上阵。那么，"唤渠早餐歇半霎"的会是谁呢？

一种可能是家中的老人，比如田夫的老父亲或者老母亲。田夫的父母本也是田夫田妇，只是年老力衰不再能够承受得住农忙时节的高强度劳作，便只能在家中做饭、洗衣、打理菜园、照管家禽家畜。当他们把早饭做好后，冒雨来到田边，呼唤儿孙休息一下，回家吃口饭，实属常情。

另一种可能是田夫的女儿，而且应该是年龄不太大的小女儿。农家女孩六七岁便开始参与各种家务，十来岁便能够正常操持一家人的饭食。小女孩儿在父母兄弟都去田中劳作时，也在家中忙活着烧火做饭，喂猪喂鸡鸭鹅，甚至还要洗衣服，同样是超强度的劳作。

从尾联的"照管鹅儿与雏鸭"的叮嘱推想，第五人是小女儿的可能性更大。若是田夫的老父老母，自然懂得新插的秧苗"根未牢"，不能让鹅鸭进入水田中。只有小女儿才需要如此叮咛。毕竟，小女儿虽勤劳懂事，但并不拥有这样的生活经验。

（二）为什么要写"第五人"

第五人的价值，在于将"劳作"由田野拓展至家庭生活，以此丰富"劳动"的内涵。此外，由于第五人的出现，引出了尾联中田夫或田妇对"第五人"的叮嘱，使诗歌在正面描绘的田野劳作场景之外，又增添了一幅炊烟袅袅、鹅鸭成群的浓郁烟火气息，展示出农耕社会寻常百姓人家特有的劳碌、安宁、富裕的生活画卷。这样的生活，在久历官场、以国富民丰为己任的诗人心中，无疑是一种值得讴歌的美好。

（三）诗歌是在赞美"吃苦耐劳、勤奋乐观的精神"吗

教材的"学习提示"中，《插秧歌》的思想情感被定义为"吃苦耐劳、勤奋乐观"，此种解读值得商榷。首先，从诗歌的显性信息看，田野劳作中的四人和家庭劳作中的一人承受的都是超负荷的艰辛，是为了生活而不得不如此。此种恶劣环境下的劳动，虽能体现"吃苦耐劳"的品质，却绝无"勤奋乐观的精神"。诗歌中没有任何内容可以支撑该观点。其次，从诗人持有的情感态度看，诗歌只是以"实录"的方式客观描述农家的劳作场景，其中虽有"男女老少齐上阵"且人人各尽其力的和睦，却并未由此而刻意颂扬某种道德主张。在诗人的眼中，这样的劳动或许展示了一种"人定胜天"的生存欲望，或者体现出一种虽承受各种痛苦却依旧坚韧生存的生命韧劲，甚至或许还多多少少折射出对国泰民安、风调雨顺的生活质态的期盼。至于"乐观"，同样找不到情感支撑点。就像我们不能从《在烈日和暴雨下》中解读出祥子的勤奋乐观一样，也不能从《插秧歌》描绘的雨中劳作情景而解读出勤奋乐观的主题。

教学设计

> **设计理念**
>
> 《插秧歌》与《芣苢》很难组织成特定的教学任务群，生硬地对比分析只会对两首诗歌的赏析构成伤害。如果教学课时相对充裕，不妨将《插秧歌》和被其替换的《文氏外孙入村收麦》整合为一个特定任务群。二者间的可比性要多得多。当然，教学须有主次，必须以《插秧歌》为主。

一、教学目标

● 基础目标：

1. 结合"单元导语"和课后"学习提示"的相关内容，整体感知诗歌的主题与情感。

2. 以"人"为线索，通过对插秧人、做饭人和描述人（诗人）等三类人的分析，深入理解诗歌内涵。

● 核心目标：

3. 通过转换叙述者身份的方式，重构诗歌内容，丰富阅读体验，掌握诗歌鉴赏的新方法。

● 拓展目标：

4. 与《文氏外孙入村收麦》进行比对式阅读，强化借助细节研读深度理解诗歌意义的方法。

四项目标中，目标 2、3 为教学重点，目标 4 为教学难点。

二、教学流程

（一）以疑激趣，引发思考

师：阅读《插秧歌》时，有人读出的是田野劳作的艰辛，有人读出的是诗人对民生疾苦的深切同情，有人读出的是一家人齐心协力、分工合作的和睦，有人读出的是吃苦耐劳、勤奋乐观的精神。你在初读《插秧歌》后形成的阅读体验是什么？你又是依据诗歌中的哪些内容而形成的此种原初体验？

【提示】此问题旨在引导学生梳理初读体验并在交流中修正或完善该体验。对于依照教材"学习提示"的内容而认为诗歌侧重于表达"吃苦耐劳、勤奋乐观的精神"的学生，须引导其从诗歌中发现相关证据，不能只有观点而没有分析论证。

（二）整体感知，发现难点

1. 自主学习该诗时，有没有什么内容不好理解，或者是查阅了相关资料后，对资料中的解读不认可？

【提示】大多数学生缺乏与文本深度对话的能力，很难在自主阅读中形成真正的思考。该问题的价值在于先激活极少数语文尖子生的探究欲望，然后逐步带动更多的学生养成自主思考探究的能力。组织该问题的探讨时，教师须先预设一两个问题，给学生以启迪。例如：下这么大的雨，田夫一家为什么不能等雨小一些再劳动？田夫为什么不愿意停下手中的活而稍事休息吃个早饭？"低头折腰"的是田夫、田妇，还是大儿？

2. 诗人为何要为这个劳动场景创设一个大雨滂沱的恶劣环境？如果换作一个晴朗的早晨，在表达上会有什么影响？

【提示】场景替换是解读诗歌主题与情感的一种重要手法。极其恶劣的环境，既有助于呈现劳作的艰辛，又能够体现田夫们吃苦耐劳的品质，还有利于展示人在面对自然时的不屈抗争。

（三）走进文本，丰富体验

1. 以问题带动各联的赏析。

（1）首联中所写的分工，是写实，还是互文？"抛、接、拔、插"四个动词特征鲜明，请简要赏析。

【提示】初为写实，后为互文。四个动词，如四个特写镜头，描绘出一家四口各自劳碌的景象，画面感强。尤其是抛和接两个动作，在劳动之外，还写出了田夫田妇间因长期共同劳动而形成的默契。

（2）颔联使用了比喻的修辞，诗人为什么要将斗笠和蓑衣比作兜鍪和甲？这样设喻好不好？

【提示】前一问参见"文本解读"；后一问旨在培养一种主动质疑的精神，可以认同，也可以不认同。

（3）颈联出句的主体是谁？请根据诗歌内容分析推定。

【提示】尽量让学生多发言，教师最后总结。可参考"文本解读"中的分析。

（4）颈联对句的主体又是谁？此处说"不答"，尾联却又写了回答的内容，是否矛盾？

【提示】低头折腰者，其实是田中劳动的四人，大家都在全力劳作，都没有回应歇一歇吃早饭的建议。"不答"不是不回答，而是没有答应对方提出的建议。

（5）尾联属于宕开一笔，将描绘的场景由眼前的田野劳作转向虚拟的可能场景。你在这一句叮嘱中读出了哪些内容？这样的结尾有何好处？

【提示】前一问参见"文本解读"，后一问须关注内容与意义的拓展。

2. 分析探究。

《插秧歌》是立足于旁观者视角而形成的文字，如果将叙述视角分别转换为田夫、田妇、大儿、小儿、第五人，诗歌中的情感分别会出现什么样的转移？请以小组为单位，分别以上述人物的身份写一段文字，抒写在大雨中插秧时的独特心境。

【提示】该问题没有固定答案，关键是结合既有诗歌的情感基调而合理剖析人物心理，据此而形成有针对性的表达。

（四）走进作者，寻觅心音

探究：杨万里在这首诗歌中想要表达的情感与思想，真的是赞美劳动吗？这首诗歌是在什么样的背景下创作的？

【提示】创作背景：淳熙六年（1179年）春，杨万里常州任满，西归故乡吉水；途经衢州（今浙江衢州市），时值农田大忙季节，诗人目睹一户农家插秧之辛劳，作该诗。①

后人评价："这首诗，通篇用口语、俗语连缀成句，用毫不卖弄甚至毫不修饰的白描手法，写出农家插秧的情景，那么浅显，那么真实，又是那么生动，那么形象，只觉一股活泼泼的生活气息从诗中溢出，向人扑来。"②

（五）群文共读，深度感知

1. 《文氏外孙入村收麦》与《插秧歌》都是在写劳动，而且都是在表现五月的乡村抢收抢种的场景。两首诗歌在内容、情感、表达上有哪些异同？请对比分析。

【提示】需先利用PPT展示苏辙《文氏外孙入村收麦》，引导学生大体读通文本，再组织探究。可采用表格方式进行对比分析。附表如下：

项　目		《文氏外孙入村收麦》	《插秧歌》
内容	相同点		
	不同点		

---

① 朱德才，杨燕.范成大杨万里诗词选译［M］.南京：凤凰出版社，2011：228–230.
② 徐中玉.唐宋诗［M］.上海：上海人民出版社，2017：107.

项　目		《文氏外孙入村收麦》	《插秧歌》
情感	相同点		
	不同点		
表达	相同点		
	不同点		

【参考示例】相同点：均以劳动为主题（内容），通过典型细节（表达）渲染劳动的紧张与繁重（情感），体现劳动的艰辛（内容）。不同点：《文氏外孙入村收麦》中，苏辙为当事人，故侧重于写内心的情感体验（内容），先焦急，再欣慰与感激（情感），主要采用对比手法（表达）;《插秧歌》中，杨万里为旁观者，故侧重于写所见（内容），将情感藏匿在文字背后（情感），主要采用白描和细节描写（表达）。

2.教材最初选用的是苏辙的《文氏外孙入村收麦》，后来替换为杨万里的《插秧歌》，你觉得编者作此替换的原因有哪些?

【提示】其一,《文氏外孙入村收麦》的写作重心并未落在"劳动"本身，与单元学习任务有一定程度的偏离；其二,《文氏外孙入村收麦》的思想情感较为复杂，阅读难度较大；其三,《插秧歌》的语言清新自然，口语化，细节典型，有利于引导学生学习写作。

第 8 讲　用好课文这个例子

——《反对党八股》创意解读与教学设计

课程定位

　　《反对党八股》隶属于统编版高中语文必修上册第六单元，体裁为演讲稿。该单元的主题为"学习之道"，该课文的主题为"批判教条主义、主观主义和宗派主义"，"倡导理论联系实际的马克思主义学风和文风"。

　　教材的"学习提示"中，要求思考"这篇文章的针对性和现实意义"，关注该文"表达方式和语言风格与作者提倡的文风"的一致性，并能够"从表达目的、听众感受等角度品评其表达效果"。"单元学习任务"第二项则在强调"本单元的文章以说理为主，运用了多种说理方式，语言也各有特色"的基础上，要求"梳理作者的论述思路，体会其说理艺术"，"分析对比和比喻的方法在阐发观点上的作用"，品味课文"诙谐幽默"的语言特色。

　　整合上述信息可知，《反对党八股》的学习任务至少可分解为三点：梳理论述思路，学习论证技法，鉴赏语言特点。其中，第一点既可用于文本内容的梳理与整合，又可用作解决当下写作中各种问题的一剂良药。

文本解读

一、背景寻踪，感知意义

《反对党八股》的学习重点，不在于"党八股"是什么和如何表现，而在于为什么必须反对它。

原因一：1937年全面抗战爆发，国共两党开始第二次合作。1937年11月，王明从莫斯科回国，教条地搬用共产国际的指示，提出"一切服从统一战线，一切经过统一战线"的"右倾"口号。在1937年12月政治局会议和1938年3月政治局会议上，他还一再反对洛川会议以来党所坚持的统一战线中独立自主的路线、方针、政策，并不点名批评了毛泽东。由于王明手握共产国际指示这道圣旨，而共产国际当时在中共党内有着很高的威信，因此他的这种"右倾"思想一度占了上风，带来了很大的思想混乱，给党在抗战初期的工作制造了不少麻烦。

原因二：1937年至1940年间，中共党员由原先的3万多人迅速增至80余万人。这些新党员，绝大多数出身于农民和小资产阶级知识分子。他们虽有高度的革命热情，但对党的理论、党的纲领、党的斗争历史知之甚少。在他们的头脑中，还不同程度地存在着个人主义、自由主义、宗派主义、主观唯心主义等不健康的思想意识。这些非无产阶级思想意识的普遍存在，成了党内各种错误倾向滋长的温床。

原因三：1941年1月，皖南事变发生，新四军遭受惨重损失。皖南事变前，毛泽东曾制订过一个先发制人的计划，打算派15万精兵打到国民党后方去，但这个计划最终被共产国际否定了。为了避免重蹈覆辙，毛泽东决心尽快改变与共产国际的关系，从实质上摆脱共产国际对中国革命的干预。而要做到这一点，就必须开展一次全党的整风运动，从思想根源上破除将共产国际指示神圣化和教条化的氛围。

二、归纳提炼，突破重点

《反对党八股》（节选）在结构上体现为"总—分—总"，即先以第一段总领全文，引出论题；再用最后一段总结全文，总括"党八股"的危害，点明确立马克思列宁主义文风的重要意义；主体部分则分条列举八大罪状，简述其表现形式，解剖其危害性，提出正确主张。

剖析前六条罪状时，文章采用了相近的论证结构：先亮明观点，揭示本质；再概述现象，探究病因，揭示其危害性；最后提出正面主张，结合实际论证正面主张的合理性。概括而言，即"亮观点、摆现象、挖根源、论危害、提方法"。

论证方法选用上，文章既有正面例证，也有反面例证，在正反对比中明辨了事理。文章还多处运用比喻论证，比如将内容空洞、文字冗长的作品比喻为"懒婆娘的裹脚，又长又臭"，将不看对象、无的放矢的作品比喻为"老鸦声调，却偏要向人民群众哇哇地叫"，以贴近生活的喻证技法，将原本深奥的思想认知问题阐释得形象而生动。

语言运用上，文章大量使用多种修辞手法，排比、对偶、设问、反问、反复交叉使用，不但营造出良好的现场表达效果，而且和所批驳的"语言无味，像个瘪三"形成鲜明对照。整篇文章充满了诙谐的讽刺与幽默，增强了文章的趣味性和可读性。

教学设计

设计理念

《反对党八股》虽是一篇具有极强针对性和现实意义的宏

文，但其批判的教条主义、主观主义和宗派主义与当下的学习生活并无太大关联，很难引起中学生的情感共鸣。如果撇开特定的政治情境，只将文中的八大罪状和当下的中学生作文结合起来，用文中的观点品评某些"高考满分作文"，反而能够让学生带着特定的学习任务去自主研读文本，把握文中的主要观点，感知文中的写作技法。基于此种学情，拟将整节课的学习活动预设于特定的学科认知情境和个人体验情境之中，借特定的驱动性任务推动课堂的自主思考和合作探究。

一、教学目标

● 基础目标：

1. 列表提炼"党八股"的八条罪状、具体表现、危害性、根源和对应的正确主张，整体感知课文内容。

● 核心目标：

2. 以《反对党八股》为解剖刀，解析高考满分作文，引导学生探究应有的文风。

3. 依托《反对党八股》的相关观点，借助"修订高考作文评分标准"专项活动，深化对课文内容以及日常写作的双向理解。

● 拓展目标：

4. 查阅相关资料，简单了解"延安整风运动"。

四项目标中，目标 1、2 为教学重点，目标 3 为教学难点。

二、教学流程

（一）创设情境，明确任务

师：2020 年，浙江省高考满分作文《生活在树上》在全国范围内引发轩然大波。一段时间内，不同的读者立足于不同的审美认知而纷纷发表观点，或高度褒扬作者的丰厚学养，或极力批判作者的"不说人话"，或抨击高考作文评价标准的扭曲变态。今天这节课，我们就用《反对党八股》充当解剖刀，解析这篇高考作文。

今天的学习有三项任务：1. 列表提炼"党八股"的八条罪状、具体表现和危害性；2. 以《反对党八股》为解剖刀，解析满分作文《生活在树上》；3. 依托《反对党八股》的相关观点，修订"高考作文评分标准"。

【提示】情境的价值，在于为自主学习提供真实的载体。有了载体，思考与探究才能落到实处。情境须贴近生活，能够激发真实的思考，能够服务于真正的学习。时事在变，情境也要随之而变。

（二）整体感知，突破重点

任务一：列表提炼"党八股"的八条罪状、具体表现、危害性、根源和对应的正确主张。

罪　状	具体表现	危害性	根　源	正确主张

【提示】前六条罪状及相关条目的内容，可在文本中发现；后两条罪状涉及的具体条目内容，可根据自身理解推知。填写各条目内容时，注意强化归纳的完全性、提炼的准确性和表达的严谨性。先自主研读文本，独立

完成表格内容，再合作交流，最后抽样呈现，教师点评。

活动一（思考与探究）：作者反对"空话连篇，言之无物""装腔作势，借以吓人""无的放矢，不看对象""语言无味，像个瘪三"，《反对党八股》在这四个方面表现出什么样的特色？请举例分析。

【提示】该活动需引导学生指向文章的论述思路、说理艺术和语言特色。宜分点研讨，各个击破。

活动二（质疑与发现）：作者给党八股列出的第五条罪状是"甲乙丙丁，开中药铺"，《反对党八股》在结构上是否也是"开中药铺"？请依据课文内容形成结论并提供相关论据。

【提示】需抓住"不提出问题，不分析问题，不解决问题，不表示赞成什么，反对什么……没有什么真切的内容……不用脑筋想问题，不去思考事物的本质"进行分析。注意引导学生理解并掌握"观察问题，提出问题，分析问题，解决问题"的"马克思主义的方法"。

活动三（归纳与提炼）：《反对党八股》的八大罪状分别指向哪些内容？可归纳为哪几大类别？

【提示】前三条罪状，指向内容；第四五条罪状，指向形式，含语言形式和结构形式；第六至第八条罪状，指向危害性。

（三）学以致用，解析样本

任务二：以《反对党八股》为解剖刀，解析满分作文《生活在树上》。

活动四：阅读《生活在树上》（PPT 展示，此处略去），对照《反对党八股》中列举的八大罪状，逐点解析。

【提示】可依照《反对党八股》列举的八条罪状逐条比对，也可依照病因归类由主到次的逻辑顺序进行剖析。对作文中难懂的字词不作详细讲解，只要求有兴趣者课余查阅相关资料自主认知。文中难懂的字词，类似于《反对党八股》中的转了两个弯的"工"字；似是而非的引用，类似于"下决心不要群众看""装样子故意吓人"；佶屈聱牙的语言，类似于"没有几句生动活泼切实有力的话"……

（四）举一反三，丰富认知

任务三：研读高考作文评分标准，结合《反对党八股》的具体内容，补充完善相关细节性要求，形成修订版"高考作文评分标准"（见下表）。

等级与项目		一等（20—16）	二等（15—11）	三等（10—6）	四等（5—0）
基础等级	内容（20分）	符合题意	符合题意	基本符合题意	偏离题意
		中心突出	中心明确	中心基本明确	中心不明确
		内容充实	内容较充实	内容单薄	内容不当
		思想健康	思想健康	思想基本健康	思想不健康
		感情真挚	感情真实	感情基本真实	感情虚假
	表达（20分）	符合文体要求	符合文体要求	基本符合文体要求	不符合文体要求
		结构严谨	结构完整	结构基本完整	结构混乱
		语言流畅	语言通顺	语言基本通顺	语言不通顺，语病多
		字迹工整	字迹清楚	字迹基本清楚	字迹潦草、难辨
发展等级	特征（20分）	深刻	较深刻	略显深刻	个别语句有深意
		丰富	较丰富	略显丰富	个别例子较好
		有文采	较有文采	略有文采	个别句子较精彩
		有创意	较有创意	略有创意	个别地方有新意

活动五：以《反对党八股》为理论依据，为"高考作文评分标准"中的13项内容拟写具体的写作要求。

【参考示例】（内容）禁绝一切空话、大话、套话，言之有物，尽量写得简短、精粹。

【提示】该活动既用以继续提炼文本中的核心信息，又用以引导学生关注高考作文的写作要求。拟写具体写作要求时，须注意语言的简洁和规范。

活动六：针对党八股的八大罪状，从反向提炼出好文章的八大特征，再选择其中的一条作详细阐释。

【提示】后三条罪状主要是解剖党八股的危害性，反向提炼好文章的八大特征时，需要转换思维方式，注意从读者视角归纳。

【参考示例】好文章的八大特征：言之有物，远离空话；真情表达，真心交流；心有读者，有的放矢；语言生动，表意清晰；讲究逻辑，结构精巧；思想健康，情趣高尚；润泽灵魂，丰富生命；传承文化，播种文明。（阐释略。实际授课中作为一个重要环节予以落实，强调借鉴课文中的对应文段的论证方法而分析阐释，对语言和论证方法均提出一定的要求。）

（五）细节突破，赏析语言

活动七：学习提示中说，《反对党八股》"说理切中要害，深入浅出，语言特点鲜明"。文章的语言有哪些特点？作者又是如何将这些特点落在实处的？

【提示】"单元学习任务"已对《反对党八股》的语言进行了归纳提炼，不但点出了"态度鲜明而又诙谐幽默"的特征，而且从"比喻论证"这一细节上揭示了语言"诙谐幽默"的原因。该问题的答案参见"文本解读"最后一段文字。

（六）延伸训练，积累知识

1. 课后利用网络资源，查阅"延安整风运动"的相关资料，了解教条主义、经验主义、主观主义、宗派主义等概念。

2. 查找并阅读《改造我们的学习》《整顿党的作风》，与《反对党八股》组建自读任务群，了解"反对主观主义以整顿学风，反对宗派主义以整顿党风，反对党八股以整顿文风"的价值主张，并据此写作一篇短评。

第 9 讲　刹那的触动，永恒的自在
——《故都的秋》《荷塘月色》任务群解读与整合教学

课程定位

　　《故都的秋》《荷塘月色》两篇散文均为经典型传统课文，在此前的多套高中语文教科书中，两篇散文皆被设定为精读篇目，由语文教师引领着学生反复吟诵，逐段赏读。统编版高中语文必修上册将这两篇散文整合为一篇课文，用以引导学生探究写景散文中独特之景与独特之情的内在关联。此种整合，体现了任务群学习的新主张和新要求。

　　学习这两篇散文时，倘若依照传统的教学法，将两篇文章视作两个完全独立的文本分散鉴赏，则显然有违任务群学习的要求。只有依托必要且真实的学习情境，依照教材既定的学习任务而精心创设体系化的驱动性任务，让学生在特定任务的驱动下自主发现文中之景、文中之境、文中之情，进而将景、境、情三者与特定时代联系起来，与特定人物的特定价值诉求结合起来，才能真正发挥这两篇文章的课程价值，使"用课文教"成为真实的教学行为。

文本解读

一、细读文本，感知重点

当《故都的秋》只以散文的身份出现在读者面前时，其被关注的重点信息，往往是贯穿始终的"清、静、悲凉"。此三个词汇，不但浓缩了郁达夫笔下各类景物的共性化特点，而且体现着郁达夫本人以及其作品中的若干位都市闲人的共性化性格。

古典诗词中，秋大多具备着"清、静、悲凉"的季候特征，但此种秋色往往只存在于"无枝可依"的旅途之上，或者存在于"无处安放灵魂"的深度落寞之中。大都市的深秋，虽也有落叶纷飞、寒霜覆地，却敌不过市井中无止无休的喧嚣、商铺内你来我往的热闹，故而，古今文学作品中"清、静、悲凉"的秋，往往与大都市无关。

郁达夫关注的北平，虽是大都市，却是"故都"。故都的色调与滋味，正如史铁生《我与地坛》中的地坛，剥蚀了辉煌灿烂，远离了火热喧嚣，却又从不缺乏卑微生命的自在歌吟。在这样的故都中，无需重整河山的豪情壮志，只需在秋槐落蕊中沏一壶茶，一边闲看庭中扫帚留下的丝丝细纹，一边拖着京腔，唱歌般念叨一句"一场秋雨一场凉"。

这到底是一种闲散、一份豁达，还是一份颓废呢？一千个读者可能也会形成一千种答案。但不管它是什么，可以肯定的是，这就是故都的秋，就是故都的景、故都的境和故都的人。这样的生活没有金戈铁马，没有荡气回肠，亦没有管弦呕哑，一如黄昏时分提了鸟笼遛弯的晚清遗老，虚幻却又真实地存在着。

美人迟暮，烈士暮年，不都只留下"清、静、悲凉"吗？

《荷塘月色》描绘的虽是近乎梦境的月下景象，朱自清的灵魂深处却藏着一份清晰、明亮、艳丽的风光。《荷塘月色》的真正着力点并非"月色下的荷塘""荷塘上的月色"，而是作者心中那个无限风流的江南。1927

年的北平，名义上依旧是"中华民国"的首都，各国使团往来不绝，著名学者成群结队，但这儿终究缺少了文人雅士心中的无尽风流，缺少了挣脱一切名缰利锁之后的潇洒率性。无论是政治环境、文化环境，或者是日常生活、寻常情感，都沾染着太多的俗世尘渣，令朱自清的浪漫诗心无所寄托、无法安宁。

从情感呈现上看，《荷塘月色》由"心里颇不宁静"起笔，经由"苍茫的月下"的"什么都可以想，什么都可以不想"的"自由"，在"独处"中"受用"了"无边的荷香月色"之后，又在蝉声和蛙声的"热闹"中，重新回归"我什么也没有"的现实。此种想要寻求解脱却又无处安放灵魂的悲凉，即使是幻境般的朦胧月色和淡雅荷塘也无法化解或者暂时性遮蔽，只能寄希望于古典诗词歌赋中虚拟的那个艳歌荡漾的江南。存放在朱自清灵魂深处的江南，绝非只能"聊赠一枝春"，而是有着媛女"纤腰束素，迁延顾步"的柔美和"夏始春余，叶嫩花初"的明媚的热闹之处、嬉游之地。这样的江南，清纯甜美如出水芙蓉，不但寄托了文学才子对风流浪漫的向往，而且远离了尘俗世界的万千烦忧。

二、归纳提炼，突破难点

如果将《故都的秋》比作榴莲或者臭豆腐，相信很难得到读者的认同。理由很简单：《故都的秋》虽缺乏宏大、明亮、昂扬的特质，但其字里行间的那份"悲凉"或者"颓废"，绝不具备榴莲或者臭豆腐的强大嗅觉穿透力。《故都的秋》拥有的味道，处于至浓和至淡的中间，中庸却又病态，更像是中药铺中的汤剂。此种滋味，健康者或许并不喜爱，病患者却因为与之长久为伴，反而会形成一种心理上的依恋。

此种病态化的审美，赋予了《故都的秋》以诸多的"不近人情"——

其一，作品诞生的 1934 年 8 月，秋风未起，秋色未染，纵使是更为"北国"的黑龙江，也依旧铺展着夏日的最后火热。但作品中却已经落蕊满地、蝉声衰弱、凉由心生。郁达夫描写的是真实景象吗？或许是，也或许不是。最大的可能性，他只是在描写心中的那份"故都的秋"，而非眼前的真实的北平的 8 月。

其二，近十年来惦念着的，总是"陶然亭的芦花，钓鱼台的柳影，西山的虫唱，玉泉的夜月，潭柘寺的钟声"。置身北平时却将注意力转移到了破屋、破壁、牵牛花、老槐树、落蕊、秋蝉、秋雨、闲人之上。郁达夫真的拒绝热闹、鲜亮与宏大吗？张家口外的贫瘠山村中会有更加落寞和更加清、静、悲凉的景象等候着他，他为何不去那样的地方寻觅更浓的悲凉秋味？

其三，"从槐树叶底，朝东细数着一丝一丝漏下来的日光"凭什么能够"感觉到十分的秋意"？只有"一丝一丝"的日光漏下来，说明树叶依旧十分茂密。真正的"十分秋意"，该是枝头叶尽，日光朗照。

其四，"忽而来一阵凉风，便息列索落地下起雨来了。一层雨过，云渐渐地卷向了西去，天又青了，太阳又露出脸来了"。这说来便来、说去便去的雨，分明是夏日的阵雨，哪里需要感慨"一层秋雨一层凉"？

一切的不近人情，最终只能解读出一个答案：心中已秋。郁达夫在作品中描绘的，全部是"有我之境"。他用灵魂深处的极端"小我"的审美偏好充当滤镜，过滤掉所有的生命暖色，只愿意留下些微冷寂，涂抹在故都荒凉破败的断壁残垣之上。这，便是郁达夫所说的"颓废"。

《荷塘月色》中也存在着这样的"颓废"。因为此种"颓废"，朱自清才会在夏日的夜间同样滋生出"深沉、幽远、严厉、萧索的感触"。溶溶月色、淡淡荷香并不能医治朱自清灵魂中的孤寂与悲凉，于是他在荷塘月色中看到的，依旧有"鬼一般"的灌木黑影，有"阴阴的""像一团烟雾"的树色，有无精打采的路灯光。

如果要比较朱自清和郁达夫二人的"颓废"差异，便是郁达夫欣赏并刻意追求"颓废"，将其视作一种独特的审美体验。而朱自清则力求用江南的明艳与风流抗拒"颓废"，渴望成为摇着轻舟一边伴随着美女采莲一边唱着艳歌嬉戏玩乐的阳光青年。遗憾的是朱自清只能在幻想中挣脱那些凡俗的各种羁绊，一旦梦醒，依旧只能回到不得不颓废的现实人生中。

好在两个人心中都依旧有梦，手中都依旧有笔，于是，他们的"颓废"便只是一种审美倾向，而非生命本真。

教学设计

设计理念

将《故都的秋》与《荷塘月色》组合为一个教学任务群时，其一需要探究两篇课文在景物选择与描绘中呈现出的各具特色的艺术手法，其二需要品读藏在景物背后的各具特色的情感，其三需要挖掘个性化情感体验中传递出的审美倾向和人生思考。完成此三项任务的前提，在于学生依照特定的学习情境而开展真实的自主阅读。适宜的学习情境和有效的任务驱动，是完成该任务群学习的关键。

一、教学目标

● 基础目标：

1. 走进文本，发现课文选景、绘景的独特之处。

2. 走进作者，结合特定的时代背景感知文本情感与创作目的。

● 核心目标：

3. 走进文化，寻找隐藏在文字背后的审美情趣和文化内涵。

● 拓展目标：

4. 走进心灵，用文字抒写阅读感悟。

四项目标中，目标1、3为教学重点，目标3为教学难点。

二、教学流程

（一）创设情境，呈现任务

师：古人云，一切景语皆情语。但景有好差之别，情有真假之分，只有景情融合，才是佳作。今天这节课，我们将走进《故都的秋》《荷塘月色》两篇经典写景散文，去探究文本中景物的好与差、情感的真与假。这节课需完成三项学习任务：走进文本，提炼两篇课文中的景物；走进作者，感悟两篇课文中的情感；走进文化，发现隐藏在文字背后的审美情趣和文化内涵。

【提示】"用教材教"需要将教材中隐藏着的教学内容提取出来，交给学生去研读。该导语的价值正在于此。强调景与情的好差真假，既让学生知晓本课时的学习要点，也促使其在阅读中形成初步判断。明确三项任务，更是为了直击目标，让整节课的活动始终处于有的放矢的状态中。

（二）走进文本，完成任务一

活动一："横看成岭侧成峰，远近高低各不同。"面对任何一种景象时，观赏者的学识、情感、价值观等，都会影响其发现、感悟与表达。同样是置身古老的北京城，郁达夫和朱自清分别发现了哪些景，生成了哪些情？两人在表达上有何异同？请结合自读体验，填写下表。

课　文	景　物	情　感	表达相同点	表达不同点
《故都的秋》				
《荷塘月色》				

【提示】填写表格的价值在于熟读文本并依照要求提炼相关信息。该任务需给予较为充分的自主阅读的时间。各自完成后，还需组织合作交流。该活动教学用时需10分钟。

活动二：两篇文章各自采用何种方法将各种景物串联为一个整体？从

两篇文章的选材与组材中，可以收获何种写作启示？

【提示】此活动是上一活动的延续与升格，目的在于了解写景散文线索设置的特点与功用。《故都的秋》需引导学生关注文本的总分结构，抓住"清、静、悲凉"这一总纲带动全文的景物；《荷塘月色》则需引导学生关注文本的虚实结合，在"我爱热闹，也爱冷静；爱群居，也爱独处"的对比中，体悟两种不同的景象。注意：《荷塘月色》中，"荷塘月色"和"采莲嬉游"两种景象对应的，正是冷、静、独处和热闹、群居。朱自清显然更爱的是后者。

（三）走进作者，完成任务二

活动三：如果让郁达夫写作《荷塘月色》、朱自清创作《故都的秋》，是否依旧会这样选景、抒情？请结合你对两位作者的认知作简要分析。

【提示】此活动建立在对两位作者拥有一定程度了解的前提下。可能多数学生不熟悉郁达夫，但对朱自清不陌生。开展活动时，可将朱自清《春》和郁达夫《故都的秋》进行对比分析。两文均描绘了五幅图画，朱自清立足于宏观景象，所写景物以暖色调为主，致力于呈现积极的、富有生命活力的特征，传递的是昂扬乐观的情感；郁达夫立足于细微物象，呈现冷色调的景致，体现的是极端个性化的、具有鲜明的"颓废"色彩的情感。

活动四：《故都的秋》中，郁达夫感叹"有些批评家说，中国的文人学士，尤其是诗人，都带着很浓厚的颓废色彩，所以中国的诗文里，颂赞秋的文字特别多"。从这句话中，你能够捕捉到哪些写作信息？《荷塘月色》中有没有此种"颓废"？

【提示】此句属于典型的强加因果。"颓废色彩"和"颂赞秋"之间并无必然的逻辑关联，而且"颂赞"的对象也极少指向"颓废色彩"。至于"有些批评家"，则极可能就是郁达夫自己。郁达夫写这个句子的作用，在于将原本极端个性化的情感表达上升为中国文人学士（尤其是诗人）的共性化情感体验，为文章中的情感寻找理论立脚点。注意：郁达夫笔下的"颓废"并非日常生活中所言的颓废，只是一种指向悲凉、冷寂、落寞、失望的情感表现方式，绝非生活中的自暴自弃。《荷塘月色》中，同样存在此种情感。

（四）走进文化，完成任务三

活动五：请以《故都的秋》《荷塘月色》为例，结合学习过的其他文学作品，探究"中国的文人学士，尤其是诗人，都带着很浓厚的颓废色彩"的合理性。

【提示】极少有人天生抑郁，所有的"颓废色彩"都来自生活的强行涂抹。从古至今，绝大多数中国文人学士都挣扎在"入世"与"出世"的矛盾纠葛中，一方面渴望建功立业，"留取丹心照汗青"，另一方面又不得不内耗于各种争斗、各种利益冲突中，被权术玩弄于股掌之间。相比较而言，昂扬向上的时代，文人学士也多积极乐观，比如盛唐诗人群体。但盛唐只有一个，绝大多数情况下，中国都处于乱世。

郁达夫为何"颓废"？其一在于幼年丧父后的清贫生活，其二在于多年留日中遭遇的屈辱，其三在于从日本接受的"物哀"美学，其四在于乱世之下的灵魂无处安置，其五在于诗人气质带来的个人情感挫败，其六在于 1926 年时一个儿子在北平病逝。诸多因素汇集，自然很难让郁达夫成为乐观豁达之人。六种因素中，国运时事为根本原因。

（五）走进心灵，抒写阅读感悟

活动六：给郁达夫写一段话，表达对《故都的秋》的个性化认知。可探究其写作特色，可表达对其情感的理解，亦可与之探讨关于"颓废色彩"等问题。语言要有诗意，最好能用诗歌的方式呈现。

【提示】此活动侧重于检测学生对《故都之秋》的多层面的理解与感悟。语言要求则强化学生的遣词造句能力，引领学生借鉴两篇文章中的优美语言，学会精准表达情感。

教师示例《致郁达夫》：

当西山的红叶和秋槐的落蕊 / 共舞于依旧天高云淡的秋 / 悲凉，不过是一份前置的忧伤 / 就像提前到来的秋风秋雨

故都的喇叭花 / 吹散了夏日的温暖与明艳 / 疏落的秋草 / 在衰弱的蝉声中颤栗 / 扫帚留下的细纹 / 也因等待而日渐落寞

好在你来了 / 携着清静与悲凉姗姗而至 / 天色碧绿，驯鸽翱翔 / 你持一碗浓茶 / 将一份颓废 / 诉说得悠长悠长

我能理解你的忧伤 / 岁月喑哑过你的嗓音 / 便不必再对嘹亮存在奢望 / 你的季节中没有春夏 / 只能在萧索中存放理想

今天，我在南国的秋色中吟唱希望 / 如果你能来到当下 / 定也不会再讴歌苍凉 / 所有的颓废 / 不过是时代的底色 / 今日的秋色 / 已胜春光

第 10 讲　悲悯，在同情与绝望之外

——《窦娥冤（节选）》创意解读与教学设计

课程定位

统编版高中语文必修下册第二单元选用了元杂剧《窦娥冤》第三折作为首篇课文，单元内的另两篇课文，分别为《雷雨（节选）》《哈姆莱特（节选）》。从舞台表演形式上区分，《窦娥冤（节选）》为传统戏曲，《雷雨（节选）》《哈姆莱特（节选）》为现代话剧。三篇课文，古今中外兼而有之。

"单元导语"中，本单元的学习任务被编者分解为六个要点：1. 通过阅读鉴赏、编排演出等活动深入理解戏剧作品，把握其悲剧意蕴，激发心中的良知与悲悯情怀；2. 初步认识传统戏曲和现代戏剧的基本特征；3. 欣赏剧作家设计冲突、安排情节、塑造人物的艺术手法；4. 体会戏剧语言的动作性和个性化；5. 理解悲剧作品的风格特征；6. 欣赏作者的独特艺术创造。

将此六点与《窦娥冤（节选）》课后的"学习提示"以及"单元学习任务"中有关《窦娥冤（节选）》的预设学习任务相结合，可将《窦娥冤（节选）》的学习任务落实为：1. 以《窦娥冤（节选）》为参照，感知中国传统戏曲在情节设计、形象塑造和语言运用中的相关特征；2. 以窦娥指斥天地、痛发誓愿的反抗为探究点，感知作者在窦娥身上寄托的思想情感，理解人性的复杂；3. 了解良知的不朽价值，感受悲剧作品震撼人心的力量，培养心怀悲悯、追求正义、坚守良知的美好品格。

文本解读

一、细读文本，感知重点

《窦娥冤（节选）》第三折属于整出戏的高潮，是窦娥反抗意识的集中爆发之处。此折由窦娥指斥天地领起，以窦娥发下三桩誓愿并当场验证了两桩作结，剧情简单且集中，人物个性鲜明。

该折的主体内容是十支曲子。首曲"端正好"以"没来由犯王法，不提防遭刑宪"点明悲剧形成的非理性特征，使"人在家中坐，祸从天上来"的偶然现象演变成特定时代的必然产物。随后的"叫声屈动地惊天""怎不将天地也生埋怨"两次提到"天地"，前者表达对天地主持公道的期盼，后者抒发对天地善恶不分的埋怨。

"滚绣球"是首曲的自然延续，侧重呈现"埋怨"的具体内容。这一段文字属于典型的作者代言，其内容的深度、语言的精准度都绝非窦娥这样的女子能够说得出来。该曲中，"有日月朝暮悬，有鬼神掌着生死权"看似在陈述天地间的既有秩序，实则为了与天地不辨清浊，不识盗跖、颜渊的行为形成对比。窦娥在生命即将终结时，一定程度上动摇了对天地神灵的信任与敬畏，发现了天地"怕硬欺软""顺水推船"的本性，也就顺理成章地发出了"地也，你不分好歹何为地！天也，你错勘贤愚枉做天"的愤怒呐喊。

"倘秀才""叨叨令"两支曲子，以"前街里去心怀恨，后街里去死无冤"串联在一起。其中，"叨叨令"的内容在情节发展中构成插叙，简单交代了窦娥的身世，为第四折的冤情昭雪埋下伏笔。不走前街走后街的细节，也体现了窦娥对婆婆的关爱，表现出窦娥的善良。

"快活三""鲍老儿"两支曲子中，前曲以"葫芦提当罪愆"再申无辜被定死罪的冤屈，以"身首不完全"交代即将遭受的屠戮，以"从前已往干家缘"回望多年的辛劳，以"少爷无娘面"强化身世的凄苦，四句唱词四个角度，概括出窦娥短暂生命的大半历程。后曲的前四句承接前曲内容，继续申诉自身遭遇和内心凄苦，提出"遇时节将碗凉浆奠；你去那受刑法尸骸上烈些纸钱，只当把你亡化的孩儿荐"的最后请求。两曲中的四处"念窦娥"和一处"看窦娥"，与其说是在向婆婆哭诉心声，不如说是在向天地发出责问，责问它们为何要狠心让善良惨遭毁灭。后曲的后几个句子，劝婆婆"再也不要啼啼哭哭，烦烦恼恼，怨气冲天"，以"我做窦娥的没时没运，不明不暗，负屈衔冤"为自身遭遇定性。

立足于整出《窦娥冤》看这一段唱词，会发现其简单诉说背后的两大转变：其一，情感的转变。《窦娥冤》第一折中，窦娥对婆婆收留张驴儿父子持责怪态度，认为其不明事理、"不知羞"；第二折在公堂上遭受毒打之时，也仍然指斥婆婆"这无情棍棒教我捱不的。婆婆也，须是你自做下，怨他谁？"；至第三折的此处，窦娥放下了怨愤，选择了原谅，劝婆婆不要啼哭、不要烦恼、不要内疚。其二，认知的转变。在自身悲剧的成因上，由归因于婆婆的引狼入室，至归因于张驴儿的凶残狠毒，再至归因于天地时运。

"耍孩儿""二煞""一煞""煞尾"四支曲子为整出戏的高潮，四曲均围绕三桩誓愿展开，一气呵成。"耍孩儿"前四句，交代立下誓愿的缘由，强化"冤情不浅"的事实；后五句立下"血溅白练"之愿，以"苌弘化碧，望帝啼鹃"两则典故再申冤屈。周朝大夫苌弘受诬被杀，其血被蜀人藏起，三年后化成一块碧玉；蜀王杜宇因水灾被其相鳖灵逼迫，逊位后隐居山中，死后魂魄化为杜鹃鸟，日夜悲啼，直到嘴出血。两则典故旨在诉说和苌弘一样凄惨、和望帝一样冤屈的情感。

"二煞""一煞"分别以"六月飞雪""亢旱三年"立誓，用大自然的反常印证自身的清白。此两桩誓愿依旧由相关典故充当缘起与证据，借古人的冤屈表自身的怨愤。两曲中，"这都是官吏每无心正法，使百姓有口难言"将矛头直指目无王法、草菅人命的官吏，完成了由"怨婆婆"至"怨张驴儿"，再至"怨天地"，最终"怨暴政"的认知过程。

窦娥的三桩誓愿，从时间的延续上，一桩比一桩更久长；从空间范围上，一桩比一桩更扩大；从程度上，一桩比一桩更严重。三桩誓愿依次递进的过程，也是窦娥情感表达与思维认知依次上升的过程。

二、归纳提炼，突破难点

（一）《窦娥冤（节选）》中的"天地"困局

《窦娥冤（节选）》中，窦娥对"天地"的情感始终处于矛盾状态。一方面，她始终希望"天地"拥有正义并能公正地主持人间正义，能够听得见民间每一个苦难灵魂发出的细微声响；另一方面她又因为无端获罪无处伸冤而对天地的公正产生怀疑，对天地不辨善恶、错勘贤愚的行为形成不满。

窦娥的这份"天地"意识，映射着无数代中国人的共性化情感倾向。在中华民族的集体意识中，人力之外永恒地存在着能够洞悉人间一切的天地神灵。人们习惯于将遭逢的幸运和遭遇的不幸归因于天地神灵的掌控，遇到过不去的坎便期盼得到天地神灵的庇佑。就算是最终落到窦娥这样的地步，也只是对天地神灵心存怨愤，却依旧在怨愤之外虔诚地相信它们的存在，相信它们依旧能够主持公道。正因为如此，《窦娥冤（节选）》中关汉卿虽然可以借窦娥之口指斥天地的愚妄，最终却还是要以天地呈现的异象来证明窦娥的冤屈。

那么，天地到底是公正还是昏聩？若言其公正，则不该让窦娥的悲剧发生；若言其昏聩，则不会用六月飞雪和三年亢旱来验证冤屈、惩罚愚氓。或许，天地本就是世道人心，无力扭转现实人生的各种悲惨，却可以表达并追求公平正义。

（二）《窦娥冤（节选）》中的"云"与"科"

《窦娥冤（节选）》的情节推进固然离不开十支曲子，亦离不开穿插于各支曲子之间的"云"与"科"。早期的元杂剧通常只有一人主唱，其他角色以"云"的方式参与表演。"云"以对话的方式交代剧情发展中的若干信息，用最精要的语言连接起前后曲子，使剧情得以完整呈现。"科"类似于现代戏剧中的舞台说明，用以提示演出时的人物动作、表情以及舞台效果。

教学设计

> ### 设计理念
>
> 　　《窦娥冤（节选）》的课程价值，绝不等同于关汉卿寄寓于作品中的教化意识。事实上，《窦娥冤（节选）》能够传达给中学生的德育元素并不丰厚。学习该篇课文时，创设真实的学习情境，使文本成为识记知识、养成能力、传承文化的必要载体，用以落实"用课文学"的学习宗旨，最终完成语文学科"立德树人"的使命，是新一轮课程改革的必然。

一、教学目标

● 基础目标：

1. 依托"预习任务清单"，细读《窦娥冤（节选）》，完成自主阅读。

2. 感知《窦娥冤（节选）》在情节设计、形象塑造和语言运用中的相关特征。

● 核心目标：

3. 以课文中的十支曲子为赏读重点，探究窦娥的情感变化和认知发展过程，理解人性的复杂。

● 拓展目标：

4. 了解良知的不朽价值，感受悲剧作品震撼人心的力量，培养心怀悲悯、追求正义、坚守良知的美好品格。

四项目标中，目标 2、3 为教学重点，目标 4 为教学难点。

二、教学流程

（一）创设情境，明确任务

1.《阿 Q 正传》中，阿 Q 在与他人发生口角时常瞪着眼睛道："我们先前——比你阔得多啦！你算是什么东西！"评论家说我们都是阿 Q 的后代，所以我们在面对莎士比亚这样的文学巨匠时，也常常会充满骄傲地说："莎士比亚有啥了不起的，不就写了 30 多个剧本吗？我们的关汉卿不但写了 60 多个剧本，还比莎士比亚年长 300 多岁呢。"今天就让我们一起走近关汉卿，借助他的代表作《窦娥冤》而了解他、了解元杂剧、了解一个特殊的时代和一群特殊的人。

2. 检查"预习任务清单"完成情况。

【提示】预习任务清单可自行设计，也可利用相关教辅资料加工而成。内容应包括：整体阅读感悟，阅读中发现的疑难问题，作家与作品信息，具体句段赏析等。主要用以设定自主阅读的思维路径，让学生知晓自主学习的重难点。

3. 明确本课时学习任务。

（1）走进文本，读通《窦娥冤（节选）》这篇课文，读懂窦娥这个人。

（2）走进文化，认知元杂剧相关特点，感悟"天地"困局中的人情与人性。

（3）走进心灵，确立心怀悲悯、追求正义、坚守良知的美好品格。

（二）走进文本，感知形象

1.《窦娥冤（节选）》共有十支曲子，你最喜欢哪一支？请诵读该曲并陈述喜欢的理由。

【提示】从喜爱处切入，比依照课文顺序按部就班解读更有利于创设良好的学习氛围。不同的学生喜欢不同的曲子，汇合起来，也就基本上完成了至少一半曲子的赏析。学生陈述喜欢的理由时，教师要引导学生走出简单的情感好恶，走进唱词的内容和表现形式，能以鉴赏诗歌的基本章法陈述观点。

2. 从情节发展看，十支曲子间存在什么样的逻辑关联？请将这十支曲子进行归类，看课文可以区分为几个层次。

【提示】十支曲子可区分为三个层次：前两支曲子指斥天地，抒发心中的怨愤；中间四支曲子插叙窦娥的身世遭遇，体现其善良本性；后四支曲子立下三桩誓愿。十支曲子依照剧情的发展而渐次呈现，以顺叙为主，辅之以插叙，点面结合，立体化展示窦娥的性格品质。

3. 课文在十支曲子间还穿插了一定量的"云""科"等内容，这些"云""科"有何特点？和曲子有何差别？对情节的展开有何作用？

【提示】"云"即对白。曲子间的对白，起着概述相关事件、串联情节、推动剧情发展的作用。元杂剧中的"云"，内容高度精炼，每一句话都承载着特定的功用。在元杂剧中，"云"叙述各类事件，"曲"表达主人公心声。"曲"类似于小说中的人物心理活动，"云"则以叙事为主要目的。

4. 十支曲子中，窦娥的情感和认知经历了什么样的发展变化？这些发展变化体现出什么样的性格与思想？

【提示】《窦娥冤》第三折中，窦娥因无法申诉自身冤屈而对天地以及命运产生了怀疑和怨愤，这是情感主基调。具体而言，窦娥先是指斥天地的糊涂，然后是诉说自身的悲凉身世，最后是发下三桩誓愿，其情感经历体现为"愤—悲—恨"的转折与递进。通过此种情感变化，可感知窦娥的不屈与抗争。

（三）走进文化，体悟情感

1. 窦娥真的对天地绝望了吗？在窦娥的心中，天地代表着什么？

【提示】抱怨而未绝望，在生命的最后时刻，依旧期望天地用异象来证明自己的冤屈。在窦娥的心中，天地代表着至高无上的公平，代表着底层人民渴望拥有的所有希望与美好。窦娥虽然指斥天地糊涂、不辨愚贤，但并未想过拥有一个新的天地，依旧寄希望于这个糊涂的天地为其主持最终的公道。

2. 将微薄的希望寄托在虚幻的天地之上，窦娥的这份认知，是迷信，还是信念？只有窦娥持有这样的认知吗？

【提示】中华文化具有泛神特征，万物皆可为神，皆可崇拜，也皆可给人类带来福祉。窦娥没有读过书，其灵魂中对天地鬼神的信奉与敬畏，均来自朴素的生活信念与世俗文化，其中虽有迷信成分，但更多的还是一种根深蒂固的意识。这样的意识，融注在中华民族的血液中，绝非窦娥独有。

3. 如何看待天地听任窦娥含冤而死，又用"六月飞雪""亢旱三年"证明其冤屈的情节设计？

【提示】《窦娥冤》本质上属于浪漫主义的作品，离奇的剧情不过是为了更好地渲染作品的悲剧色彩。窦娥的悲剧根源在于社会制度和社会环境，与天地自然并无逻辑关联。

4.《窦娥冤（节选）》中，选用了多个典故，以天降异象来印证人物的冤屈。事实上，除了表现冤情之外，天降异象也往往被用来昭示重要事件的发生，或重要人物的降生。你听过或者阅读过这类传说吗？如何理解这类传说？

【提示】此类传说常被统治者用来宣扬自身的天赋神权，是统治者用以奴役百姓的愚民技法。百姓们在长期的艰难生活中因为无法理解权势人物拥有的各种特权，慢慢地也就接受了统治者的愚民理论，真的认为对方在娘胎中就不是寻常人。

（四）走进心灵，寻找美好

1. 有人说，关汉卿在那样的时代敢于写出这样的作品，是冒着掉脑袋的风险的。你认为关汉卿为什么要写这样的故事？

【提示】自古至今，文学都承担着教化民众的责任。知识分子应该承载起时代良心的重担，应该拥有"虽九死而其犹未悔"的价值诉求，应该对社会的苦难持有一份强烈的悲悯，对社会的黑暗持有一份理性的批判。

2. 现实生活中，也往往存在一些难如人意的事。有人不平则鸣，也有人认为说了也没人听，说了没用，不如不说。《窦娥冤》这部戏、关汉卿这个人，给你带来了什么样的思考？请联系生活简要阐释你的主张。

【提示】理性表达自己的思想，是公民的权利，更是公民的义务。窦娥之所以蒙冤而亡，就是因为无法表达出自己的冤屈，只能用极端的方式来证明。关汉卿创作这样的戏剧，既用来警醒统治者，又用来教育底层民众。事实上，窦娥最终能够伸冤，也是其亡魂到她父亲处申诉的结果。

（五）延展训练，学以致用

1. 如果将《窦娥冤（节选）》改编成课本剧，哪些内容可以保留，哪些内容必须改动？

【提示】能保留的只是剧情，语言等均要改动，其中最大的改动在于将原本属于内心活动的十支曲子，转换为课本剧演出中的对话。课本剧不要大量使用内心独白。

2. 以学习小组为单位，将《窦娥冤（节选）》改编成课本剧，择优进行表演。

3. 课余阅读整本《窦娥冤》，在此基础上阅读相关评论，理性了解该剧的思想和情感。

【提示】此类课外学习活动，重在检查落实，如果检查落实跟不上，或者客观情况不允许，就不要布置，可另外安排其他的课外学习活动。

第11讲　穿透黑暗的那一束微光

——《哈姆莱特（节选）》创意解读与教学设计

课程定位

　　统编版高中语文必修下册第二单元第6课，选用了莎士比亚经典悲剧《哈姆莱特》第三幕第一场作为单元自读课文。由于该文本的引入，三大悲剧类型得以齐备：窦娥的悲剧来自黑暗的社会，四凤、周萍们的悲剧来自无法逆转的命运，哈姆莱特的悲剧来自超越时代的理想和别具光芒的人性。美学概念中，此三类悲剧分别被定义为社会悲剧、命运悲剧、性格悲剧。

　　"单元导语"预设的六大学习任务中，与《哈姆莱特（节选）》相关的是：把握作品的悲剧意蕴，激发心中的良知与悲悯情怀；欣赏作品塑造人物的艺术手法；理解性格悲剧在作品中的表现方式；欣赏莎士比亚戏剧的独特艺术创造。

　　自读课文的身份定位，决定了该课的学习应以学生自主阅读和合作探究为主要活动方式。需借助精心创设的学习情境，打通本单元的三篇课文，在对比中寻找，在思考中发现，在活动中收获。

文本解读

一、细读文本，感知重点

《哈姆莱特（节选）》第三幕第一场在全剧中并不拥有特殊地位，仅只是剧情发展阶段的一个组成环节。之所以被选入教材，或许受益于哈姆莱特有关"生存还是毁灭，这是一个值得考虑的问题"的那一大段独白。

该场的核心剧情，概括起来只需50余字：国王和波洛涅斯想知道哈姆莱特是否真的发疯，便利用奥菲利娅进行试探，俩人暗中偷听。哈姆莱特继续装疯，将奥菲利娅痛骂了一通。

具体而言，该场剧情可分为三个阶段：

哈姆莱特上场之前国王与臣僚们的交谈与谋划为开端和发展阶段。国王想要知晓哈姆莱特是否真的发疯，臣僚们认为哈姆莱特确实发疯，王后出于母爱的本能关心哈姆莱特"发疯"后的具体言行，希望儿子能恢复原状……不同的人出于不同的目的展开对话，人物个性鲜明。国王的旁白，点明了其内心的真实情感。

哈姆莱特出场的大段独白以及随后和奥菲利娅的对话为发展和高潮阶段。独白的内容，既有特定的主题，又有思维的跳转，符合一位纠葛于忍受和复仇的矛盾中且不得不装疯的年轻的理想主义者的心声。与奥菲利娅的对话，亦是真中有假、假中藏真，有对美好爱情的理想化诉说，有对世俗情感的无情叱骂。该部分内容中，前几句对话属于"正常"状态下爱人间的交流。自"哈哈！你贞洁吗"起，思维突然跳转，以故作疯癫的反逻辑表达，借题发挥地贬斥人性之丑陋。人称的变化在此部分的意义呈现上至关重要，由"你"而至"你们"，在主体的替换中拓宽了批判的对象，也更符合疯癫状态下的表达特征。

国王和波洛涅斯重新上场后的三段文字为该场内容的结局。"他说的话虽然有些颠倒，也不像是疯狂。他有些什么心事盘踞在他的灵魂里，我怕它也许会产生危险的结果。"国王的这几句话，为整出剧作后面的情节发展作了铺垫；"大人物的疯狂是不能听其自然的"更是暗示了其后的情节走向。

二、归纳提炼，突破难点

《哈姆莱特（节选）》中，哈姆莱特是当之无愧的典型形象。出场时的大段独白，将个体生命的存在价值和永恒的生命思考相结合，在对比中展示选择的两难。起句的"生存"与"死亡"，均非常规意义上的生老病死，而是分别指向"默然忍受命运的暴虐的毒箭"的屈辱苟活和"挺身反抗人世的无涯的苦难，通过斗争把它们扫清"的奋斗牺牲。哈姆莱特之所以要纠葛于"这两种行为，哪一种更高贵"，是因为其附加在生命之上的，不是"心头的创痛，以及其他无数血肉之躯所不能避免的打击"均可以伴随着肉体的消失而一了百了，而是"在那死的睡眠里，究竟将要做些什么梦"，是纵然肉体消失却依旧无法挣脱的生存恐惧。正因为如此，哈姆莱特才感慨"人们甘心久困于患难之中"，宁愿"忍受人世的鞭挞和讥嘲、压迫者的凌辱、傲慢者的冷眼、被轻蔑的爱情的惨痛、法律的迁延、官吏的横暴和费尽辛勤所换来的小人的鄙视"，也要"在烦劳的生命的压迫下呻吟流汗""忍受目前的磨折，不敢向我们所不知道的痛苦飞去"。

只是，此种感慨中展示的不过是庸众的存活方式。在哈姆莱特的心中，此种"重重的顾虑"和"审慎的思维"让人类"全变成了懦夫"，"伟大的事业在这一种考虑之下，也会逆流而退，失去了行动的意义"。哈姆莱特代表的是文艺复兴时期焕发着理想主义的人性光芒的"人"的形象，该形象追求的生命意义，远超于世俗理性和宗教神权宣扬的存在哲学。

另一个"典型形象"当属国王克劳狄斯。整出戏剧中，莎士比亚借哈姆莱特之口对其品性作出了诸多的评价，将其定位为"脸上堆着笑的万恶的奸贼""一株霉烂的禾穗""一个杀人犯、一个恶徒、一个冒充国王的丑角，一个窃国扒手""败坏伦常、嗜杀贪淫、万恶不赦的丹麦奸王"。仅就课文选用的这一场内容看，有限的话语也展示出其为人的狡黠、多疑、虚伪、丑恶与独断。

克劳狄斯身上所拥有的各种品行，代表的不是中世纪欧洲封建君主的专断与蛮横，而是文艺复兴时期新兴资产阶级对各种利益无止境的追求中暴露出的狡黠、贪婪与凶残。一方面，他受自身私欲的支配，不惜弑兄娶嫂、谋权篡位，想方设法要除掉哈姆莱特；另一方面，他又极富伪装性，在朝臣和王后面前竭力扮演哈姆莱特的好叔父、好父亲，在雷欧提斯面前努力扮演满腹苦衷、亟需帮助的弱者。他的灵魂深处，虽也对自身的恶持有一定程度的忏悔，但只要涉及切身利益，便立刻将所有的道义良知全部抛诸脑后。在克劳狄斯身上，体现出人性的复杂。

在相关研究论文中，克劳狄斯这一形象被视为莎士比亚对"人"的认知的深化。《哈姆莱特》作为莎士比亚创作第二阶段的代表性悲剧，体现了莎士比亚在走出了创作第一阶段单纯歌颂人性美好的浪漫情感后对人性的深层次理解。以克劳狄斯为代表的这类人物，不再是充满正能量的"宇宙的精华、万物的灵长"，而是充满邪恶的负能量，是制造灾难和痛苦的罪恶之源。

教学设计

设计理念

《哈姆莱特（节选）》的课程价值，一方面体现为丰富学生对悲剧及其表现形式的认知，拓展学习知识面，帮助其理解形象、感知人性；另一方面表现为借助特定学习情境来培养自主思考探究相关问题、完成指定学习任务的能力。自读文本必须让"自读"成为真正的主角，这一点必须成为教学设计的最高要求。

二、教学目标

● 基础目标：

1. 自主完成作家、作品等信息的检索，初步了解莎士比亚、文艺复兴运动和《哈姆莱特》主要剧情。

2. 赏读哈姆莱特独白的文字，简析人物形象。

● 核心目标：

3. 查阅资料，了解悲剧的三大类型并据此简析本单元三篇课文中的主要人物。

4. 依托"比对式"阅读，发现《哈姆莱特（节选）》在情节设计、形象塑造、主题表达等方面的独特之处。

● 拓展目标：

5. 借助于朗诵或课本剧表演，走进人物内心，更好地理解哈姆莱特这一经典形象，同时培养综合运用多种表现形式诠释课文的能力。

五项目标中，目标 2、3 为教学重点，目标 4 为教学难点。

三、教学流程

（一）创设情境，明确任务

1. 十九世纪英国历史学家托马斯·卡莱尔在其著作《论英雄》中曾言："没有什么东西贵重到可以用莎士比亚来交换。莎士比亚是我们迄今为止最了不起的创造。试想一下，他们要我们在莎士比亚和印度帝国之间二选一，说你们英国人是从来就没有印度帝国好呢，还是从来就没有莎士比亚好呢？简直是生死抉择。官僚们尽可以说一堆套话，但是我们会发自内心地回答：宁要莎士比亚，不要印度帝国。我们英国人没了莎士比亚是不行的。印度帝国早晚有一天不是我们的，但是莎士比亚永远是我们的。我们说什么也不能丢了莎士比亚。"莎士比亚真的这么重要吗？今天，我们就走进他的代表性悲剧《哈姆莱特》，尽可能多地了解这个人和这部作品。

2. 明确本课时学习任务。

（1）自主学习：了解莎士比亚、文艺复兴运动和《哈姆莱特》主要剧情，了解悲剧的三大类型并据此简析本单元三篇课文中的主要人物。

（2）合作探究：依托"比对式"阅读，发现《哈姆莱特（节选）》在情节设计、形象塑造、主题表达等方面的独特之处。

（3）细节突破：赏读哈姆莱特独白的文字，简析人物形象。

（二）自主研读，完成任务一

PPT 呈现任务一，限时 10 ～ 12 分钟独立完成，随后 8 分钟时间小组内简单交流。自主学习时，利用 PPT 对任务一进行分解，借助特定的活动明确学习内容。

活动一：我的概述最简约——莎士比亚简介。

【提示】作者介绍最忌面面俱到。莎士比亚可以介绍的内容过于丰富，"概述"和"最简约"两条限定，就是要让学生在检索相关信息时能抓住重点。该环节指向信息筛选与提炼整合，应突出莎士比亚在人类思想史上的重要地位，简要介绍其创作四阶段的思想认知和代表性作品。

活动二：我的信息最精准——文艺复兴运动。

【提示】需避免从历史教科书中转述词条阐释的内容，应立足于"人"的意识的觉醒提炼并表述信息。注意口语化表达。

活动三：我的提炼最流畅——《哈姆莱特》主要剧情。

【提示】网络上有关《哈姆莱特》主要剧情的概括文字很多，此处强调的"最流畅"，既是为了强化训练信息整合能力，也是为了在比较和推敲中更好地熟悉全剧剧情。该项活动在课内无法借助全剧细读而完成，剧情概括的"最流畅"仅只是对他人概括做深加工。

活动四：我的分析最合理——悲剧类型及三篇课文中主要人物简析。

【提示】三类悲剧及三篇课文中对应人物，见"课程定位"第一段。完成该项活动，重在结合作品内容展开分析。

（三）合作探究，完成任务二

活动一：合作填写表格（PPT 呈现）。

课　文	情节设计特色	形象塑造特色	主题表达特色
《窦娥冤（节选）》			
《雷雨（节选）》			
《哈姆莱特（节选）》			

【提示】表格内的文字必须高度精炼，用最概括的语言将真正的特色提炼出来。完成该任务之前，教师需先明确要求。

【参考示例】

课　文	情节设计特色	形象塑造特色	主题表达特色
《窦娥冤（节选）》	顺叙为主，少量插叙，剧情简单，矛盾集中。	正面描绘，以心理活动（唱词）为主要方式。	以典型个案展示特定时代的社会黑暗，强化环境对个体生命的影响。
《雷雨（节选）》	顺叙为主，适度插叙，有张有弛，波澜起伏。	在对话中呈现性格的多元，在对比中体现人性的复杂。	在尖锐的矛盾冲突中揭示人性的复杂，间接呈现社会环境对人性的扭曲。
《哈姆莱特（节选）》	顺叙展开，内容集中，强化心理，淡化情节。	正面和侧面相结合，以人物对话多方面呈现性格形象，努力体现角色自身的矛盾性。	以典型人物的认知与行为矛盾，体现特定时代浪潮中理想与现实的冲突，呼唤理性、秩序和新的道德理想、社会理想，表达对美好人性的追求向往。

活动二：发现东西方戏剧的差异。

【提示】以《窦娥冤》为代表的中国传统戏曲，以唱为主要表现形式，借助大量的唱词呈现矛盾、塑造形象。注重情节的紧凑，强调矛盾冲突的环环相扣与层层推进。多以正剧形式出现。以《雷雨》为代表的现代话剧，既吸收了来自西方古典话剧的元素，又融合了鲜明的中国特色，强调矛盾冲突的张弛有度，注重通过个性化的语言和行动来塑造人物，将个体命运和社会大潮相结合。多以正剧形式出现。以《哈姆莱特》为代表的文艺复兴时期的西方戏剧，侧重于通过大量的独白呈现人物丰富的内心，并以人物内在情感的矛盾冲突推动剧情的发展。其语言表达和中国戏剧差别较大，角色台词较多。

从主题表达看，中国传统戏曲多表达善有善报、恶有恶报的因果循环，用以警醒世人弃恶从善；现当代戏剧多表达时代浪潮冲击下的个体生命沉浮，借一人一家的命运变化作为时代的缩影；西方戏剧多以人性为主题，在具体的矛盾冲突中呈现人性的复杂。

（四）细节突破，完成任务三

活动一：以哈姆莱特的身份和情感诵读"生存还是死亡"段，同座位两人，互为听众，读完交流，提出修正意见。

活动二：分析独白段文字的结构层次，归纳各层次的主要内容。

【提示】该段文字可分解为五个层次：开头至"哪一种更高贵"为第一层，提出"生存还是毁灭"的难题，并对其进行内涵阐释。从"死了；睡着了"到"踌躇顾虑"为第二层，从相对的两个方面解释"生存还是毁灭"成为难题的具体原因。从"人们甘心久困于患难之中"到"向我们所不知道的痛苦飞去"为第三层，将第二层的创痛、打击、顾虑作具体化描述，以现实生活中的无尽创痛敌不过"不可知的死后"的惧怕，进一步强化世人畏惧毁灭的原因。从"这样，重重的顾虑"到"失去了行动的意义"为第四层，揭示两难选择的危害性。其余内容为第五层，转换话题，回到剧情中，写哈姆莱特发现了奥菲利娅。

如果有学生将第二、三层合并为一个层次，也是可以的。都是在谈原因。

活动三：由此段独白，可概括出哈姆莱特什么样的性格特点？

【提示】此段独白，是哈姆莱特的心声，是其假装疯狂的表象背后的真实思考。哈姆莱特看似在分析世人心态，其实更多是在反思自身行为。由这段独白可概括出哈姆莱特善于反思、勇于自我解剖、敢于直面现实的性格，亦可发现其缺乏决断力、内心充满矛盾。

活动四：将该段落与课文其他段落中有关哈姆莱特的言行结合起来，还可以提炼出哈姆莱特哪些性格特点？

【提示】此活动旨在以该段落的赏读为抓手，将人物形象置于全文展开分析。课文其余部分的内容中，哈姆莱特表现出的性格还有机敏、谨慎、善于装疯卖傻等特点。具体体现为在和奥菲利娅交谈过程中，面对奥菲利娅要退还礼物，他突然警觉，担心奥菲利娅是在试探他是否发疯，于是立刻作出疯狂之态，说出全无逻辑的碎片化语言。

活动五：思考并探究，莎士比亚为何没有将哈姆莱特塑造成一个坚定的思想者和行动者？

【提示】该剧为莎士比亚戏剧创作第二阶段的代表性作品。这一阶段的创作重在表现人性的多元与复杂，不再以简单的讴歌赞美为主旋律。另外，从作品情节设计而言，哈姆莱特接受过良好的教育，又有优越的出身，未曾遭遇过人生的重大磨难，这些都决定了他不可能在面对突然到来的巨大变故时立刻呈现出超群的自制力和行动力。

（五）延展训练，学以致用

课外活动一：课外阅读《哈姆莱特》全剧，阅读 3～5 篇有关《哈姆莱特》的研究论文，选用相关观点与论据，编写一篇有关哈姆莱特形象解析的小论文。

【提示】阅读全剧的目的在于为阅读论文作好物质准备。编写小论文不强调原创，可整合他人观点，辅之以自己的理解，形成整体性认知。

课外活动二：落实单元学习任务，组织排演校园课本剧，将《哈姆莱特（节选）》用舞台演出的形式呈现给其他年级的学生。

【提示】依照学生的学习实际量力而行，如果无法排演，亦可利用课堂进行分角色诵读。需提前布置相关任务并监督落实。

第 12 讲　搭建一座有理趣的思维之桥

——《青蒿素：人类征服疾病的一小步》《一名物理学家的教育历程》
任务群解读与整合教学

课程定位

统编版高中语文必修下册第三单元第 7 课，由《青蒿素：人类征服疾病的一小步》《一名物理学家的教育历程》两篇课文组合而成。

本单元的主题为"探索与发现"，学习目标是"学习知识性读物的阅读方法，发展科学思维，培养科学精神"，学习方法是"把握关键概念和术语，理清文章思路；分析作者阐释说明、逻辑推理的方法，体会文章语言严谨准确的特点"，最终学习目的是"运用所学知识，探究实际问题，形成自己的见解"。

第 7 课的学习任务，在"学习提示"中被限定为"理清文中展示的科学发现的过程，关注那些对科学发现有重要启示的节点，还要注意体会科学工作者的责任感和奉献精神""领会想象和兴趣对于科学探索与发现的重要意义"，关注文章"深入浅出地介绍科学研究的原理与探索过程"的表述方法。

文本解读

一、细读文本，理清结构

《青蒿素：人类征服疾病的一小步》由屠呦呦2011年9月23日接受拉斯克奖时的获奖感言和2011年10月发表于国际顶级学术期刊 *Nature Medicine*（《自然医学》）的题为 "The discovery of artemisinin（qinghaosu）and gifts from Chinese medicine"（青蒿素的发现与来自中医药的礼物）的评述文章整合而成。前者篇幅短小，概述了青蒿素的发现与提取过程，阐释了传统中医药研究的重要价值，呼吁开展全球性合作，使中医药和其他传统医药更好地造福人类健康。后者篇幅较长，详细叙述了屠呦呦从北京医学院毕业后进入卫生部中医研究院中药研究所、脱产研修两年半、进入"523项目"研究团队、验证青蒿抗疟疾效果、发现并提取青蒿素，到推动中医药药物研制的数十年科研经历。

教材编写者将这两个文本整合为一篇课文时，以获奖感言充当综述，将评述文章中涉及的诸多信息分解为五个版块的具体内容，组合成"1+5"的独特表述形式。

开篇处的综述，先表达对评委会和国际科学界的感谢，再概述发现并提取出青蒿素的多种因素，然后概述中医药研究的价值，"呼吁大力加强国际合作，推动对中医以及其他传统医学的研究，使之最大程度地造福人类"。

主体部分的五个版块中，"发现青蒿素的抗疟疗效"重点介绍由《肘后备急方》获得启发，采用低温提取法大幅度提升青蒿素的抗疟效果；"从分子到药物"侧重介绍将科学发现转化为具体药物过程中的几个重要节点；"影响世界"概述成果研究逐步被世界关注的历程；"发展与超越"概述青蒿素持续性研究中取得的新成果和新贡献；"中医药学的贡献"强调青蒿素"绝不是中医药智慧的唯一果实"，在此结论的基础上列举用砒霜治疗白血病、用石杉碱甲治疗失忆、用芍药苷防止血管再狭窄等具体事例，彰显中医药治病救人的多方面成果，申述自身的梦想。五个版块中，第一至第四版块依托青蒿素研究的序时进度而渐次展开，第五版块转换角度，谈青蒿素之外的中医药研究成果，拓宽中医药研究的范围和价值。详略安排上，第一、第五两个版块内容相对丰富，第三版块内容高度概括。

《一名物理学家的教育历程》节选自《超越时空：通过平行宇宙、时间卷曲和第十维度的科学之旅》，全书 400 页，358 千字，由"进入第五维""十维中的统一""蛀洞：通往另一个宇宙的通道？""超空间的主宰者"四篇构成，共 15 章。

节选的这部分内容以时间为序，回忆了童年时期的"观鲤鱼遐思""听故事激趣"和高中时期的"反物质研究"三件往事。"观鲤鱼遐思"以童心童趣想象鲤鱼"科学家"对世界的感知，然后将此种思考拓展至人类自身，引出"我"对高维世界形成持久性兴趣这一事实，强化想象力对于科学研究的重要价值。"听故事激趣"由故事结尾处爱因斯坦"未能完成自己的伟大发现就撒手人寰"，"他死之后，他尚未完成的论文仍然摆放在自己的办公桌上"而引出强烈的好奇心，"决定学习我能学到的关于爱因斯坦的一切，包括他的未完成的理论"，"我决定要对这一秘密刨根究底，纵然为此而必须成为一名理论物理学家也在所不辞"，凸显好奇心对于成就事业的重要意义。"反物质研究"延续"听故事激趣"的内容，将好奇心转换为具体的科学实验，通过对制造电子感应加速器的过程及其最终成功的介绍，既揭示出童年两件往事的影响力，又显扬了行动的重要性。

二、归纳提炼，强化重点

（一）发现并成功提炼出青蒿素的主客观因素

《青蒿素：人类征服疾病的一小步》综述部分第 3、4 两段，从五个方面列举了青蒿素被发现并成功提炼的主客观因素。主观方面一是体现为感知到中医药研究"富有意义"，"对中草药从好奇转化为热衷"；二是表现为"从传统中医文献中获得新的灵感和启示"。客观方面一是中国传统哲学有关人体和宇宙的精妙思想的开启；二是现代科学技术（尤其是现代医学技术）的介入；三是优秀的科研团队的合作研究。

（二）加来道雄的成功三元素

《一名物理学家的教育历程》精心讲述的三个故事，就是加来道雄能够成长为世界级物理学家的"成功三元素"。三元素中，想象力是科学发现与科学研究的前提，好奇心是科学发现与科学研究的基础和持久动力，实验精神与行动力是达成人生目标的根本。

（三）由两篇文章看杰出人才的成功秘笈

顶尖人才之所以成功，离不开具体的主客观因素。从客观上看，最重要的是环境，其次是外部世界已有的科技研究成果；从主观上看，想象力和钻研精神是前提，好奇心和兴趣是基础，实验精神和行动力是根本。屠呦呦和加来道雄讲述的故事虽然不同，故事背后隐藏着的道理却相同。

（四）为什么要学习这两篇课文

1. 基于文化的传承与发展。屠呦呦由《肘后备急方》而获得灵感，最终成功提取出青蒿素；加来道雄由课堂上老师讲述的故事而激发好奇心，最终成为杰出的物理学家。学习这两篇课文，也应该从两位科学家的文字中汲取特定的人生养分，用以滋养自身的科学精神和人文品质。如果能够像加来道雄那样因为阅读了这两篇文章而激发出对传统中医药或者高维世界的探索热情，最终成长为世界级科学巨匠，则此两篇文章功莫大焉。

2. 基于能力的训练与养成。立足语文能力的养成而学习具体的文章，是语文学习的关键。学习这两篇文章，需探究围绕特定主题谋篇布局、运用语言的具体方法，学会依照读者的接受力陈述或阐释相关科学知识或事件进程。

教学设计

> **设计理念**
>
>   两篇课文的核心目标是"发展科学思维，培养科学精神"。课文中固然包含了特定的科学思维和科学精神，但这些科学思维和科学精神仅只是一种静态呈现，并不能主动转换为动态化的学习思维和学习品质。唯有借助特定的学习情境和精准的驱动型任务，激发出学习者的好奇心、想象力和行动力，使其主动投入到文本研读过程中，学习才能真正发生。组织教学活动时，以前一篇课文为主、后一篇课文为辅。学习用时为两个课时。

一、教学目标

● 基础目标：

1. 依托文中展示的科学发现的重要节点或重要事件，理清文章的结构。

2. 探究文章"深入浅出地介绍科学研究的原理与探索过程"的表述方法，归纳提炼想象和兴趣对于科学探索与发现的重要意义。

● 核心目标：

3. 以驱动型任务为抓手，通过填写表格、分析材料、研讨细节、推敲语言等活动，发现两篇文章在立意、结构、表达、语言等方面的异同。

● 拓展目标：

4. 筛选并整合相关信息，提炼出两位科学家获取成功的主客观因素。

四项目标中，目标2、3为教学重点，目标3为教学难点。

二、教学流程

第一课时

（一）创设情境，明确任务

1. 爱迪生说："天才是百分之九十九的汗水加百分之一的天赋，但那百分之一的天赋往往比那百分之九十九的汗水更重要。"如果以爱迪生的这句话为度量衡，去检测屠呦呦和加来道雄两位世界级科学家，这句话还能视之为真理吗？这两节课，我们就以两位科学家的自述为载体，了解两位科学家的科研成果，探索其成为"天才"的真正原因。

2. 明确本课时学习任务。

（1）自主学习：筛选出文中展示的科学发现的重要节点或重要事件，理清两篇文章的结构。

（2）合作探究：筛选并整合相关信息，发现两文在立意、结构上的异同。

（二）自主研读，完成任务一

PPT 呈现任务一，限时 10 分钟完成两篇课文的自读，随后 10 分钟时间提炼信息，完成信息整合，再合作交流探究。开展学习活动时，利用 PPT 对任务一进行分解，借助预设的任务指令明确学习内容。

活动：自读文本，填写表格（20 分钟）。

课　文	文本结构信息摘要	文本结构特征分析	科研品质提炼	写作目的
《青蒿素：人类征服疾病的一小步》				
《一名物理学家的教育历程》				

【提示】"文本结构信息摘要"重在把握关键信息，比如《青蒿素：人类征服疾病的一小步》一文抓五个标题，《一名物理学家的教育历程》一文抓三个故事。"文本结构特征分析"是在信息摘要的基础上，立足文章的框架结构分析其特征。《青蒿素：人类征服疾病的一小步》采用"总—分—总"结构，其中分写的内容以时间为序;《一名物理学家的教育历程》以时间为序，串联起三个故事。"科研品质提炼"关注文本内容的筛选整合。"写作目的"关注文章的最终价值指向。《青蒿素：人类征服疾病的一小步》以青蒿素研究为切入点，重在阐释传统中医药研究的价值，并向国际社会发出呼吁;《一名物理学家的教育历程》以自身成长故事为立脚点，重在形象化告知科学研究的应有素养及其获取路径。

（三）发现差异，完成任务二（20 分钟）

1. 寻找题目中的秘密。

要求：对两篇课文的题目进行赏读，透过细节发现作者个性、东西方文化差异以及其他隐藏信息。

【提示】《青蒿素：人类征服疾病的一小步》强化"一小步"，既是客观陈述，也体现出东方文化的谦虚。另外，相对于博大精深的中医药文化研究而言，青蒿素研究也只是其中之一。《一名物理学家的教育历程》强调"物理学家"的身份，彰显身份认同感，也有利于吸引读者，还为选材组材确立了范围。

2. 发现表达上的特色。

要求：立足整篇课文探究其表达特色，注意和另一篇课文形成对比。

【提示】《青蒿素：人类征服疾病的一小步》以概述为主，只在最重要的节点上描述细节;《一名物理学家的教育历程》以描述为主，关注过程中的典型细节。《青蒿素：人类征服疾病的一小步》侧重呈现各阶段取得的成绩，《一名物理学家的教育历程》侧重过程中的感悟与启迪。《青蒿素：人类征服疾病的一小步》尽量淡化情感元素，采用冷静介绍的方式详略得当地介绍青蒿素提取全过程的各重要节点;《一名物理学家的教育历程》渲染过程中的情感体验，用富有感染力的表达打动读者。《青蒿素：人类征服疾病的一小步》语言典雅，富有理性；《一名物理学家的教育历程》语言生动，富有情趣。

3. 探究细节中的隐语。

要求：（1）研读《青蒿素：人类征服疾病的一小步》综述部分第三段，划分层次，分层提炼相关信息。

【提示】本段由三个长句构成，第一个长句强调知识储备和"热衷"，第二个长句强调中国传统哲学的启迪，第三个长句强调中医药学和现代医药科学的结合、团队合作、对中医药学精髓的继承。三个层次中，可提取五个角度的信息。正是这些因素的影响，才最终发现并提取出青蒿素。

（2）《青蒿素：人类征服疾病的一小步》一文的综述和第六部分为何都跳出青蒿素研究而谈中医药学的贡献？

【提示】结合"获奖感言"和中医药研究的事实而分析，此"一小步"只是中医药研究这个漫长征途中的一个过程，中医药研究还将在医治众多疾病的过程中发挥重要作用。

【参考示例】青蒿素属于中医药。青蒿素的发现与提取，获益于传统中医药著作的启迪。青蒿素不是中医药研究的唯一果实。当下，白血病等诸多疾病的治疗都离不开中医药的介入。

（3）《一名物理学家的教育历程》中"观鲤鱼遐思"的细节是否真实可信，儿童时代的"我"真会形成那么深刻的人生思考吗？这样写的目的是什么？

【提示】可认为其真实可信，因为对人生的影响极其重大，因而印象深刻；也可以认为存在一定的虚构，将成年后的思考掺入了其中，这样能够表现对此问题的长久思考，依旧强化其影响的深刻。

（四）课内自结，复习巩固

【提示】根据教学用时而裁定自结的内容，重点应放在文本差异的认知与理解中。

第二课时

（一）创设情境，明确任务

1. 在第一课时的学习中，我们梳理了《青蒿素：人类征服疾病的一小步》《一名物理学家的教育历程》两篇课文的结构，大体上了解了两篇课文的主要内容、表达技巧，知晓了两位杰出科学家取得成功的多方面原因。这节课，我们将采用一种新的阅读方法，换一种思维读文本，看看能否收获新的认知。

2. 明确本课时学习任务。

（1）思维训练：文本互解，以《青蒿素：人类征服疾病的一小步》中的信息解读《一名物理学家的教育历程》，以《一名物理学家的教育历程》中的信息解读《青蒿素：人类征服疾病的一小步》，看看能否收获新的认知。

（2）合作探究：筛选并整合相关信息，发现两文在行文思路、主题表达、语言运用上的异同。

（二）思维训练，完成任务一

活动一：回顾旧知。

1.《青蒿素：人类征服疾病的一小步》一文中，屠呦呦获取成功的元素主要有哪些？《一名物理学家的教育历程》一文中，加来道雄成为杰出的物理学家的元素又有哪些？

【提示】屠呦呦的成功元素参见上一课时对综述第三段的分析；加来道雄的成功元素主要是想象力、好奇心和行动力。

2. 如果以屠呦呦和加来道雄的科研经历来验证爱迪生的"天才是百分之九十九的汗水加百分之一的天赋，但那百分之一的天赋往往比那百分之九十九的汗水更重要"，这句话还成立吗？如果将屠呦呦和加来道雄也视作天才，则他们这份天才如何构成？请仿照爱迪生的句子，结合屠呦呦和加来道雄的科研经历，重新为"天才"作一个诠释。

【提示】此活动既用来回望上一课时开始时的学习情境，又用来整合两篇课文的相关信息，落实"发展科学思维，培养科学精神"的学习目标。至于学生如何分配想象力、好奇心、行动力、合作力等要素的百分比，只要言之有理即可。

活动二：思维训练。

1. 和屠呦呦的成功相比，加来道雄的成功中多了些什么元素，又少了些什么元素？

【提示】加来道雄的成功，获益于儿时养成的想象力、好奇心等科研品质，亦获益于允许其自由想象、大胆实践的成长环境，这些在屠呦呦的科研历程中相对匮乏。但加来道雄完全是依靠自身兴趣和坚持而获得成功，屠呦呦则依靠着国家层面的科研团队、依靠国家赋予科学工作者的使命和责任而工作。相比较而言，加来道雄多的是个性的自我绽放和由兴趣而激发出的研究能力，屠呦呦多的是时代大潮中国家交付给科学工作者的神圣使命。

2. 加来道雄的成功三元素，在《青蒿素：人类征服疾病的一小步》文中是否都有介绍？屠呦呦是如何介绍的？

【提示】想象力、好奇心和实验精神在《青蒿素：人类征服疾病的一小步》中都有体现。屠呦呦对自身的科研品质只是一语带过，并未作为重点内容进行介绍。例如综述第三段的"我对中草药从好奇转化为热衷"，就是谈的好奇心；"发现青蒿素的抗疟疗效"中由葛洪的《肘后备急方》想到低温提取青蒿抗疟成分，就是说的想象力。至于实验精神，则贯穿整篇作品。

3. 如果两位科学家互换表达方式，屠呦呦用《一名物理学家的教育历程》一文的章法结构介绍青蒿素的研究，加来道雄用《青蒿素：人类征服疾病的一小步》一文的结构介绍自身的成长，是否可行？请结合文本和两位科学家的研究成果陈述理由。

【提示】不可以。首先，《青蒿素：人类征服疾病的一小步》侧重介绍科研历程和研究的价值意义，《一名物理学家的教育历程》侧重介绍具体事件对科研能力养成的影响，写作目的不同，表达方式便不同。其次，《青蒿素：人类征服疾病的一小步》属于演讲稿，侧重介绍研究成果，而非介绍科学家的成长故事；《一名物理学家的教育历程》属于回忆性故事，注重细节的刻画和文字的感染力。

（三）合作探究，完成任务二

活动三：先独立完成下表的填写，然后在小组内交流。

课 文	行文思路		主题表达		语言运用		审美体验		其 他	
	同	异	同	异	同	异	同	异	同	异
《青蒿素：人类征服疾病的一小步》										
《一名物理学家的教育历程》										

【提示】该表格前三项的内容，在上一课时和本课时的分析中多有涉及，可参照前面的分析而落实相关内容。"审美体验"上，相同点在于都能够激发读者对科学研究的兴趣，能给读者带来思维的触动和精神的洗礼。两文的不同在于《青蒿素：人类征服疾病的一小步》信息量大，平实介绍的背后藏有特定时代的风云变幻；《一名物理学家的教育历程》故事性强，细节生动，能在微笑中思考厚重的科学研究素养问题。

（四）拓展阅读，培养精神

活动四：阅读下面的短文，探究文后题目。

在获得拉斯克奖之前，青蒿素这一中医药科研成果在国际上已获得了一些奖项，但都是颁给集体的。当拉斯克奖颁发给屠呦呦个人后，国内出现了一些批评声，认为屠呦呦将集体荣誉占为己有。

一个不争的事实是，中医研究院用屠呦呦提取的结晶做临床实验结果不够理想并有毒副作用。而云南药物所罗泽渊等人提供的结晶通过李国桥等人的临床验证，证明确实对恶性疟尤其是脑型疟有效。

那么，青蒿素到底是谁发现的？

"屠呦呦创造了用乙醚来制取青蒿素的方法，这是最原创最重要的发现，后来的中医药研究者对青蒿的研究贡献也很多，但都是'锦上添花'。"全球最大的、以研究开发为基础的跨国制药企业之一的葛兰素史克（GSK）中国研发中心副总裁鲁白告诉《时代周报》记者。基于此种认知，葛兰素史克授予屠呦呦"GKS创新日生命科学杰出成就奖"。

这篇短文引发了你哪些思考？请结合具体内容写一个300字左右的发言稿，围绕一个思考点阐述你的主张。

【提示】本课时教学设计前部分的教学用时为25～30分钟，此项任务视剩余教学时间而定，时间充裕则当场写作完整的发言短稿，时间紧张则拟写发言稿提纲。

材料中涉及的问题，集中体现为如何看待团队中领衔人的价值。如果将其进行分解，则至少包括了"想到和做到""付出与获得""功劳与苦劳""个体与集体""发现与研究""东方思维与西方思维"等内容。诸多内容中，最值得深挖的，是结尾段的信息。

第 13 讲　依托文法识"文法"，立足词汇赏"词汇"

——《中国建筑的特征》创意解读与教学设计

课程定位

　　统编版高中语文必修下册第三单元的第 8 课选用的是建筑学家梁思成的论文《中国建筑的特征》。

　　该单元的学习主题、学习目标、学习方法、学习任务等，已在《青蒿素：人类征服疾病的一小步》《一名物理学家的教育历程》的解读和教学设计中作过介绍，此处不赘述。

　　该课的"学习提示"预设了五项具体学习任务：1. 分析"文章如何用简明而又准确的语言介绍中国传统建筑的特点"；2. "把握所谓中国建筑的'文法'和'词汇'的含义"；3. 探究"为何说不同的建筑'词汇'能表达不同的感情"；4. 理解"各民族的建筑之间的'可译性'的问题"；5. 整体感知科技论文的特点，学习用严谨、准确的语言介绍事物，阐述原理。五项任务中，第 2、3、4 项着眼于对文本内容的深度理解，第 1、5 项致力于语文能力的养成和应用。

文本解读

一、初读文本，理清结构

从文体特征而言，《中国建筑的特征》属于应用类文本中的科技论文；从表达方式而言，《中国建筑的特征》属于科技说明文。

全文 20 个自然段，结构上可分为四个层次：

第 1—2 段为第一层，开宗明义，点明中国建筑体系的独特性，并从地域和历史两方面作简要的说明。

第 3—13 段为第二层，具体阐释中国建筑的九点基本特征。依照所介绍内容间的关联性，该层又可分解为三个下位层次。（一）（二）概括介绍中国建筑的总体特征，（三）至（五）具体说明中国建筑的结构特点，（六）至（九）分类诠释中国建筑外观、颜色、装饰等方面的特点。

第 14—17 段着眼于中国建筑的风格和手法，采用"打比方"的说明方法，借助于"词汇""文法"两种喻体从更深层次上形象化阐释中国建筑的组织风格。这种风格，既有一定之规，"有一定的约束性"，表现出"千篇一律"的一面；又可以灵活创新，"表达极不相同的情感，解决极不相同的问题，创造极不相同的类型"，表现出"千变万化"的一面。

第 18—20 段继续"打比方"，借不同民族的建筑之间的"可译性"，引出民族"建筑语言"与民族文化心理、民族文化特点间的关系解析，最终形成必须了解自己民族的建筑风格并依照其特有的"文法"和"词汇"为新中国的建筑事业服务的结论。

二、拓展阅读，突破难点

（一）写作目的寻踪

1949年1月31日北平和平解放。3月，中共七届二中全会提出了工作重心由乡村移到城市、由城市领导乡村的战略方针。5月，北平市召开"都市计划委员会"筹备会议，着手研制北平城整体发展规划。此次会议上，同为建筑学家的华南圭和梁思成提出了两种不同的北平城未来发展整体规划。华南圭等一批专家主张在北平城西郊的五棵松另建一座"新城市"，梁思成等学者主张在老北平城墙之外另建"行政中心"。8月，北平各界代表会议召开，再次探讨北平城市发展规划。9月，苏联专家提议在旧城设立中央行政区，意见最终被采纳。1950至1953年间，为了解决新首都的交通问题，北京市委市政府先是于1950年10月11日召开战备工作会议，决定在内城东、西、北三个方向拆出六个城墙豁口，打通城市交通线；后于1953年开始筹建北京地铁。期间大段的古城墙和部分古城楼被拆除。对于古城墙和古城楼的拆除，梁思成竭力反对，意见不被采纳，反而遭到批评。

在北京市大规模拆除古城墙和古城楼的同时，大规模的城市建设已在全国范围内开展起来。1952年7月，第一次全国建筑工程会议召开，提出了建筑设计的总方针，以适用、坚固、安全、经济及适当照顾美观为基本要求。在此精神引领下，各大城市新建的行政用房和工人新村多采用钢筋混凝土框架结构，极少在建筑物上设计装饰性构件。部分地区亦受苏联模式的影响，开始兴建苏联风格的楼房。由此，中国传统建筑的特征开始淡化，方块积木般的建筑物日渐增多。

正是在这样的时代背景下，梁思成于1953年写出科普论文《中国建筑的特征》并发表于1954年第1期的《建筑学报》。

如果以"写作目的"探究作为文本阅读的出发点，《中国建筑的特征》便需要倒过来读，由结尾往开头逆推。文章第四部分点明撰写本文的目的是"用我们自己在建筑上的优良传统来建造适合于今天我们新中国的建筑"，而要达成这样的目的，就必须了解中国建筑的优良传统，必须知晓中国建筑的应有"文法"和"词汇"，也就必须了解文章第三部分的内容。如何才能将抽象的"文法"和"词汇"落实到具体的建筑行为之中呢？这就必须了解中国建筑的具体特征，了解其立体构成、平面布局、结构方法、斗拱设计、举折举架技巧，了解屋顶设计、建筑色彩应用、细节装饰、选料用料等具体技法，于是便必须了解文章第二部分的内容。

（二）难点问题突破

1. 中国建筑的"文法"。

使用"打比方"的说明方法，借语言文字中惯常使用的术语"文法"来说明中国建筑的风格和手法。所谓"中国建筑的'文法'"，是指中国建筑几千年来形成并沿用的惯例法式，从建筑框架到整体构成，从台基到屋顶，都有一定之规，有它的"拘束性"，但也有它的"灵活性"，体现在具体的建筑上，既表现出中国建筑的一贯风格，也具有独特的个性。

2. 各民族建筑之间的"可译性"。

同样是用"语言和文学"设喻。各民族建筑的功用或主要性能是一致的，有相通性，但表现出来的形式却有很大不同，恰似不同民族的语言，表达同一个意思，语言形式却不相同一样。所谓的"可译性"，是指各民族建筑在实质上有"同一性质"，可以透过其纷繁多样的表现形式解读出来。

教学设计

设计理念

科普类文章的教学价值，不在于掌握文中介绍的科学知识，而在于通过文本的赏读，了解其将深奥的知识简明、准确地表达出来的写作技巧，赏析文章谋篇布局、遣词造句中体现出的语文能力和综合素养，同时体悟文章字里行间隐藏着的情怀、思想和价值诉求。

组织教学活动时，须将"用教材教""用课文学"落到实处。学习用时为两个课时。

一、教学目标

● 基础目标：

1. 理清文章结构，感知文章依照表达需要而设置详略的写作技法。

2. 理解"文法""词汇""可译性"等词汇在文中的具体内涵，探究"打比方"在事理阐释中的独特价值。

● 核心目标：

3. 感知科技论文的特点，学习用严谨、准确的语言介绍事物，阐述原理。

● 拓展目标：

4. 利用文本信息，为当下中国"美丽乡村""特色小镇""园林式城市"建设问诊把脉。

四项目标中，目标 2、3 为教学重点，目标 3 为教学难点。

二、教学流程

第一课时

（一）创设情境，明确任务

1. 万物互联的时代，足不出户即可赏遍世间美景。日益增加的收入，也让越来越多的人走出市门、省门或国门，去观赏各种景致，寻访各类名胜。下面这些建筑物（图略），你知道它们位居何地、属于何种建筑风格吗？

【提示】六幅图片依次为故宫（中国宫廷建筑）、徽派建筑（中国）、哥特式建筑（欧洲）、巴洛克建筑（欧洲）、现代建筑（澳大利亚）、现代建筑（无特征，无法分辨所在地区）。这六幅图片可以根据教学需要自由选择，但必须有一两幅无任何特征的建筑图片，用以引出本课时的学习内容。

2. 情境与任务。

2045 年，你所在的城市承办世界建筑文化博览会，你受命设计一座中国建筑博物馆，要求必须体现出中国传统建筑特征和现代生活元素的有机结合。请以《中国建筑的特征》为博物馆设计的理论依据，用文字介绍你的设计方案和设计理念。

（二）自主研读，完成任务

活动一：自读文本，筛选信息，寻找设计的理论依据。

1. 如何体现中国传统建筑特征和现代生活元素的有机结合？

【提示】关注结尾段的"我们若想用我们自己建筑上的优良传统来建造适合于今天我们新中国的建筑，我们就必须首先熟悉自己建筑上的'文法'和'词汇'，否则我们是不可能写出一篇中国'文章'的"。

2. 我们"自己建筑上的'文法'和'词汇'"有哪些特征和内涵？

【提示】从课文第三部分筛选信息。具体而言，中国建筑的"文法"是中华民族在建筑中创造出的为世世代代所喜爱并长期沿用的建筑惯例，包括相对固定的框架建构、用举架公式求得屋顶曲面和曲线轮廓的计算方法、收束瓦顶的方法、求得台基台阶等比例的算法、切削相关结构，使其成为相应装饰物的操作技法、布局各建筑并使之组成庭院的整体设计等。中国建筑的"词汇"，只是"文法"这一整体中的构建或用件，是建筑中的具体项目，必须服务于中国建筑的"文法"需要。

3.如何才能将"文法"和"词汇"落实到自己的设计方案中？结合课文形成自己的建筑设计文案。

【提示】细读课文第二部分的九点基本特征，依照每一项具体特征设计自己的"中国建筑博物馆"。具体包括：

（1）将博物馆设计为由下部台基、中部房屋本身和上部翼状伸展屋顶的一所大型建筑物。

（2）在下部台基上，以北京四合院或者徽派院落结构为样本，采用轴对称的方式，设计出包含多个庭院的房屋群落，房屋与庭院间用回廊、抱厦、厢、耳、过厅等"词汇"联通起来。主要的房屋皆坐北朝南。

（3）采用钢筋混凝土仿木结构，先用钢筋混凝土浇筑成立柱和横梁，形成一副副梁架，每一副梁架间均设计两根立柱和两层以上的横梁。每两副梁架之间，以钢筋混凝土浇筑成枋、檩之类的"横木"把它们互相牵搭起来，形成"间"的主要构架，以承托上面的重量。两柱之间不设墙壁，方便布展。

（4）在一副梁架上，在立柱和横梁交接处，在柱头上加上一层层逐渐挑出的"拱"。"拱"亦采用钢筋混凝土浇筑，弓形，状如短木。两层拱之间用称作"斗"的斗形钢筋混凝土方块垫着，形成"斗拱"，用以减少立柱和横梁交接处的剪力，以减少梁的折断之可能。

（5）主建筑设计多层梁架，上一层的梁比下一层的短，两层之间的矮柱（或坨墩）逐渐加高，形成屋顶由下段的檐部缓和的坡度逐步增高为近屋脊处的陡斜的弯曲面。

（6）屋顶采用四面坡，四角翘起。使用中国传统建筑的瓦面弯曲的小瓦。

（7）以中国传统建筑的朱红为建筑物主色，用在柱、门窗和墙壁上。额枋、梁架、柱头和斗拱等仿木构架，无论外部内部都用彩色绘画图案进行装饰。

（8）所有仿木构建的浇筑，其交接部分皆大半露出并加工成具有装饰性的形状。梁头做成"桃尖梁头"或"蚂蚱头"；额枋出头做成"霸王拳"；

昂的下端做成"昂嘴"，上端做成"六分头"或"菊花头"；将几层昂的上段固定在一起的仿横木做成"三福云"等。

（9）在建筑材料中，大量使用有色琉璃砖瓦，尽量利用各色油漆的装饰潜力。仿木混凝土构建上刻花，石面上做装饰浮雕，砖墙上也加雕刻。

活动二：文案交流，取长补短，梳理思路。

1.小组内部交流各自的设计文案，重点关注说明的条理性和准确性。

2.教师在巡视中发现优秀设计文案，利用实物展台进行展示，请该文案设计者口头介绍。

【提示】该活动侧重于训练口头表达中的层次性和准确性，为活动一的补充。视活动一的教学用时而确定优秀文案的交流人数。

第二课时

（三）合作探究，感知科技论文的写作特点

活动三：

1.比较《青蒿素：人类征服疾病的一小步》《一名物理学家的教育历程》《中国建筑的特征》三篇课文的结构与表达，完成下列表格的填写。

课　文	主要表达方式	写作目的	结构特点	语言风格
《青蒿素：人类征服疾病的一小步》				
《一名物理学家的教育历程》				
《中国建筑的特征》				

【提示】此项活动依托对比阅读发现不同体裁、不同写作目的、不同表达方式下文章结构与语言运用的差异，目的在于强化对说明类科技论文的宏观认知。

【参考示例】

课　文	主要表达方式	写作目的	结构特点	语言风格
《青蒿素：人类征服疾病的一小步》	概括叙述和精要议论	简述青蒿素的发现与提取过程，侧重阐释中医药研究的深度价值。	综述＋分述，主体部分以青蒿素的发现与提取时间为线索。	朴素、严谨中有典雅
《一名物理学家的教育历程》	记叙和描写	以自身经历启迪读者，阐明想象力、好奇心和行动力对于科学探索的重要价值。	以时间串联起三个故事，在内容与意义的递进中渐次展开描绘。	生动形象
《中国建筑的特征》	说明	阐释中国建筑的特征与风格，倡导用优良传统建造新中国的建筑。	版块式展开，先总说，再由具体到抽象展开解说。	准确、严谨

2. 讨论：上表内容可形成哪些写作学结论？

【提示】开放式问题，侧重引导学生更好地认知不同写作目的下不同文体的结构与语言特征。结论大致有：科技演讲稿应注重现场感，根据听众需要和接受力设置演讲内容；成长故事应强化故事性和感染力，需在细节刻画上精雕细琢；科技论文应侧重知识介绍、原理阐释，需强化说明顺序，规范使用语言。

（四）鉴赏咀嚼，体悟科技论文的语言风格

活动四：鉴赏课文用严谨、准确的语言介绍事物、阐述原理的写作技法。

1. 探究：文章如何用简明而又准确的语言介绍中国传统建筑的特点？举例分析之。

【提示】第一部分从空间和时间两个角度列举具体地点和具体时

间，用词准确。第二部分介绍九点基本特征时，采用由整体到局部、由主件到附件的说明顺序，注重定语、状语的限制与修饰，注重方位词汇和数量词汇的使用。第三部分介绍中国建筑的风格和手法时，采用打比方、作比较、举例子的说明方法，将抽象的内容具体化、形象化。第四部分大量使用表示数量、范围和程度的词汇，准确说明中外建筑的"可译性"。

2. 探究：文章在阐述原理时如何打造文句的逻辑关系？以第三部分为例分析之。

【提示】第三部分先点明说明的对象是风格和手法，随后以"文法"为喻，将人们对建筑的情感和对文学作品的情感建立类比关系，再以西方的"五种典范"作对比，引出对中国传统建筑"文法"的详细介绍。在此基础上，又列举20余类建筑构件和因素，将之比作"词汇"。至此，中国传统建筑的风格与手法得到了具体的介绍。

完成风格与手法的外部呈现形式的客观说明之后，文章将说明引向深入，从拘束性和灵活性、多样性两个层面进一步阐释中国传统建筑的风格特征和价值。最后从历史和现实两方面揭示坚守中国传统建筑风格对于当下的意义。仅就该部分的说明而言，体现出由"是什么"到"怎么样"再到"为什么"的意义递进，逻辑性极强。

（五）学以致用，审视当下建筑的文化内涵

活动五：

1. 下面几幅图片（图略），分别为北京天坛、苏州东方之门、南昌滕王阁、安阳文字博物馆。请运用本课所学对其进行分析点评。

【提示】组织交流时，需注意强化建筑的中国传统文化元素和现代科技成就的结合。其中，建筑者的创作目的至关重要。

2. 利用文本信息，为当下中国"美丽乡村""特色小镇""园林式城市"建设问诊把脉。

【提示】当下的"美丽乡村""特色小镇""园林式城市"建设，对现代生活元素的关注高于对传统建筑风格的关注。比如"美丽乡村"建设中，

集体农庄的设计缺乏特色，不美观，更不具备独特的审美情趣。完全不具备江浙皖地区的众多古村落的水墨神韵。一些以西方词汇命名的城市小区，楼房建筑也既无传统元素，也缺乏现代特色，仅只像一个个四方体的积木摆放在同样无特色的土地之上。很多时候，人们将注意力过多放在建筑面积以及配套实施上，无视了建筑本身传递的文化传统。

第14讲　一木一世界，一叶一春秋
——《说"木叶"》创意解读与教学设计

课程定位

统编版高中语文必修下册第三单元的第9课选用的是学者林庚的文学随笔《说"木叶"》。

该单元的学习主题、学习目标、学习方法、学习任务等，已在《青蒿素：人类征服疾病的一小步》《一名物理学家的教育历程》的解读和教学设计中作过介绍，此处不赘述。

该课的"学习提示"预设了四项具体学习任务：1.把握基本观点，理解作者说理的层次与逻辑；2.体会文中所举诗句的意蕴；3.学习文学随笔从材料的梳理和考证中发现问题、提出问题以及用恰当的理论解决问题的写作技法；4.体会其虽注重考证却写得并不枯燥的语言运用技巧。四项任务中，第1、3、4项着眼于结构和表达，第2项指向内容。

文本解读

一、整体感知，理清结构

《说"木叶"》的论题、阐释角度和行文结构，在课后"学习提示"中已有明确表达。依照这三段文字可知：本文以"中国诗歌的基本特质"为论题，以"古代诗词创作与鉴赏注重'暗示'"这一独特角度为立论视角，以"从古诗词中多用'木叶'而不是'树叶'这一有趣的现象入手，引述、分析大量资料，探讨现象背后的原因"为行文结构，"结合创作与鉴赏的心理"，对中国古典诗歌的"暗示性"作了"细致而深入的分析，把一个比较复杂的问题，解说得非常清楚"。

"学习提示"对《说"木叶"》文本结构的归纳，存在着概括有余而精准性欠缺的遗憾。《说"木叶"》的行文结构固然存在着大量的原因分析的内容，但内在的思维层次和逻辑关联却未得到有效关注。事实上，唯有真正进入文本的逻辑体系之中，依照作者的思维路径和事理的内在规律赏读文本，才能透过文字的层层遮蔽，真正领悟作者隐藏在词句背后的那份"暗示"。

《说"木叶"》共有七段文字。

第 1 段概述"木叶"的原始出处及其对后世的影响；第 2 段阐释概念并在对比中赏读"木叶"的奥妙；第 3 段以"木"在诗歌语言中的独特意蕴启发读者，引出下文对"木"的使用场合的分析；第 4 段提炼出"木"只"在秋天的情景中取得鲜明的形象"这一结论，归纳出"木"的空阔、单纯的"第一个艺术特征"；第 5 段由"木"引出诗歌语言中的"暗示性"，并继续以"木"在诗歌中的运用为例，阐释"暗示性"中蕴含的"丰富多彩、一言难尽的言说"；第 6 段阐释"木叶"的第二个特征——落叶的微黄和干燥之感，"带来了整个疏朗的清秋的气息"；第 7 段强化"木叶"与"树叶"在艺术形象上的巨大差异。

整合此七段信息可以发现，文章对"中国诗歌的基本特质"的介绍主要体现在第4—6段。1—3段的价值只在于引出具体现象并对其成因进行简析，第7段则仅仅用于收拢全文，所论并未有任何新鲜之处。此三大版块中，第二部分当为写作重点。也就是说，《说"木叶"》的真实写作意图，不在于告知"木叶"和"树叶"的词义差别，而在于借"木叶"这一典型意象，引导读者关注中国古典诗歌中的"暗示性"，能够以诗性的眼光发现文字背后无限丰富的感染性和启发性。

二、个性解读，突破难点

（一）叶、树叶、木叶与落木

理解此组概念之前，须先明了一个常识：古汉语以单音节词汇为主要构词方式，绝不能用现代汉语的双音节合成词去"套路"古汉语。比如，古人在口语交流时或许会有"树叶"这个词汇，但诗文中凡需表达现代汉语"树叶"之意时必作"叶"。这便如同古诗文中只有"男""女"却从未见"男人""女人"一样。

知晓这一常识，便无需关注古诗文中为何没有"树叶"。

屈原为何生造出"木叶"这一词汇，"木叶"又为何能得到历代诗人的青睐，现代汉语为何没有将"木叶"沿用下来？此三个问题构成了"木叶"解读的关键信息。从课文可知，同样是屈原的作品，《橘颂》中已有"后皇嘉树，橘徕服兮"，这说明屈原生活的战国末期，"树"和"叶"这两个概念都已客观存在。当然，此两个概念皆为种概念，统辖着"嘉树""桂树""绿叶""红叶"等属概念。古人在表达种概念的树木和树叶时，只用"树"和"叶"这样的单音节词汇。

基于上述分析，可知屈原不可能用"袅袅兮秋风，洞庭波兮树叶下"来抒写眼前之景和心中之情。但他为何不表达为"袅袅兮秋风，洞庭波兮叶下"，却在"叶"之前嵌入一个"木"？原因或许并不复杂。比较"洞庭波兮叶下"与"洞庭波兮木叶下"两个句子,将其在大脑中转换为具体的图像,前者在脑海中呈现出的画面,往往只是落叶纷飞,不一定出现树的形象。后者则着重于强调"木"的存在,脑海中先有一棵或若干棵在洞庭湖边顶天立地地生长着的参天大树,然后才有片片黄叶从树身上被秋风撕扯而下,脱离了母体的佑护,凄凉地落入湖水或尘土中。由这一点而言,屈原创造出的"木叶"绝非一个静态的意象,而是一幅有主有次、有动有静的立体景致。

后世诗人笔下的"木叶"同样是此种立体景象。文章第一段中所举的"木叶微脱""木叶下""秋风吹木叶",若表述为"叶微脱""叶下""秋风吹叶",便都只陈述"叶落"这一事实,缺乏了立体化景象特征。"木叶"的立体化景象特征从何而来呢?运用现代汉语语法结构分析可发现其中端倪。"木叶微脱"这一短语,区分为"木叶/微脱"两个部分固然可行,划分为"木/叶微脱"两个部分同样说得通。前者侧重于陈述树叶略微飘落的景象,后者侧重于阐释"木"已开始出现叶片微脱的事实。不同的结构下,短语的主体出现了变化。唯有"木/叶微脱",脑海中才有"木"的存在。同样的道理,"木叶下"可划分为"木叶/下",也可解读为"木/叶下"。前者浮现在脑海中的是黄叶纷飞而下,后者出现在脑海中的首先是一棵树,然后才是黄叶挣脱树身纷飞而下。至于"秋风吹木叶",其结构虽都划分为"秋风/吹/木叶",但"木叶"二字本身,也存在着偏正式结构和并列式结构的差异,即"秋风/吹/木之叶"或"秋风/吹/木与叶"。"木叶"共同入诗时,要表达的不是秋风吹动树叶这一简单景象,而是秋风起处树木摇动叶片因之而纷纷降落。唯有后一种理解,所绘之景才有"木"这一独立且明晰的主体,"叶"仅只是"木"的点缀。

至于"落木"的美学价值,同样体现在"木"的意义兼容上。"落叶"只有"叶"之景,未必有"木"之容。"落木"则着眼于整体,先关注"木",再关注零落的叶,最后回到落完了叶的"木"。树而无叶,自然似木。树是生长着的鲜活的生命,木是丧失了欣欣向荣之景象后的枯萎和干瘪。"落木千山天远大"绝非描绘落叶繁多的景象,而是展示千山之中万木叶尽之后的苍凉辽阔。如果将该诗句转换为电影镜头，可不见一片落叶，只需呈现无数棵光秃秃的树干。

（二）暗示性、意象与联想

《说"木叶"》并未就"暗示性"形成一个明确的定义。依照课文中的说法，"暗示性"只是一种"富于感染性启发性"的"潜在的力量"，"仿佛是概念的影子，常常躲在概念的背后，我们不留心就不会察觉它的存在"。以此种个性化的释义为参照，则诗歌鉴赏中常常提及的意象，便不应属于"暗示性"的诗歌语言。毕竟，大多数的意象，在千百年的文化传承中已经形成了固定的情感意义。此种情感意义一见便可知晓，属于典型的"明示"。

诗歌语言的暗示性，则是藏匿在概念或景物的背后，不用心体味便无法发现的那份言外之意。就如这"木叶"与"落木"，本身并不像柳、梅、菊、雁、杜鹃、猿等传统意象那样凝聚着特定的情感指向。对粗枝大叶者而言，读古典诗歌时见到了"木叶""落木"，大脑中想到的仅只是树叶和落叶，亦并不影响其对诗歌字面意义的理解，甚至不影响其从诗歌中汲取精神养分。"暗示性"由"敏感而有修养的诗人们"藏匿到诗歌中，也只能由"敏感而有修养的读者"发现。具有暗示性的诗歌语言，更像是高考"炼字"题中的那个加点字，本身并未被附加上特殊的意义，但被某个"敏感而有修养的诗人"巧妙地应用于某个诗句中，便在特定的诗境内焕发出无穷尽的艺术魅力。像那"春风又绿江南岸"的"绿"，"红杏枝头春意闹"的"闹"，或许都可以称之为具有丰富的暗示性。

破解诗歌语言的暗示性的"钥匙"是联想。正如《说"木叶"》中所言，要读出"木叶"的暗示性，需由"木"而联想到"树"，联想到"木"的疏朗，再进一步联想到"木叶"所拥有的"落叶的微黄和干燥之感"，最终感悟出"整个疏朗的清秋的气息"。诗歌语言的暗示性必须建立在多层级的联想之上，但所有的联想必须在诗意范围内延展。

教学设计

设计理念

　　对于苏教版教材使用区的高中语文教师而言,《说"木叶"》属于新接触的课文。新课文遭遇新课改,反而没有认知上的太大难度。人教版老教材始终收录的《说"木叶"》,当其转身迈进统编版教材,成为新一轮课程改革倡导的"情境阅读""任务驱动"的学习载体时,却更容易令执教者无所适从。网络上铺天盖地的教学设计,都已属于明日黄花,不再具备装扮新型学习方式的资质。要想让老课文焕发新神采,必须将旧有教学意识"清零",代之以特定阅读情境下借助特定的驱动型任务而开展的深度学习与对话活动。"用课文教"依旧属于教学设计的重中之重。

一、教学目标

● 基础目标：

1. 把握基本观点,理解作者说理的层次与逻辑。

2. 学习课文从材料的梳理和考证中发现问题、提出问题以及用恰当的理论解决问题的写作技法。

● 核心目标：

3. 以教材内容为例,学习赏读古诗文的基本技法,强化对"暗示性"的理解。

● 拓展目标：

4. 参照本文写作技法,探究古典诗歌中"月"的暗示性。

四项目标中，目标 2、3 为教学重点，目标 3 为教学难点。

二、教学流程

（一）创设情境，明确任务

完成一道古代诗歌鉴赏题时，常会遭遇这样的尴尬：虽然一看到题目大脑中就形成了解题定式，但读不懂诗歌，不知道诗人真正想要表达的是什么。于是，所有的解题技巧全都失去用武之地。影响我们读懂一首诗歌的因素或许很多，但最关键的一点，是诗歌语言的言外之意，也就是诗歌语言的暗示性。今天我们要学习的这篇《说"木叶"》，就是指导我们破解诗歌语言暗示性难题的一把钥匙。

当然，要破解诗歌语言的暗示性，首先得知道什么是诗歌语言的暗示性，然后还要明白作为例子的"木叶"具有何种暗示性，如何在诗歌中呈现此种暗示性。下面就带着这两个问题，开始今天的学习。

【提示】由学生最关心的考试这一情境引入，有益于提升课堂关注度。立足"暗示性"而预设两项学习任务并将其在学习之初便告知学习者，可加强自主阅读的针对性。

（二）自主研读，理解"暗示性"

活动一：自读文本，筛选信息，理解诗歌语言的暗示性。

1. 自主归纳：文章是如何引出诗歌语言的暗示性这一论题的？

【提示】该问题涉及论述思路的归纳，旨在落实学习目标 1。答案参见"文本解读"第一部分的各段重点内容概括和文章结构层次梳理。

2. 归纳并合作研究：诗歌语言的暗示性具有什么样的特征？

【提示】（1）隐蔽性——躲在概念的背后，不留心就不会察觉它的存在；（2）融通性——需和概念中的意义交织组合，才能形成丰富多彩的意义；（3）自然性——不在语言运用上刻意雕琢；（4）迁移性——需借助多层联想才能抵达意义的本质。

3. 归纳并合作探究：结合全文内容，用简要的语言梳理"木叶""落木"暗示的意义。

【提示】"木叶"暗示的意义——只在秋天的情景中取得鲜明的形象，包含着落叶的因素，具有空阔、疏朗的清秋气息和审美体验；能给人以落叶的微黄和干燥之感，交织着疏朗与绵密，既意境悠远又富于情感。"落木"暗示的意义——洗净了绵密之意，更见其空阔苍凉。

（三）合作探究，辨析概念

活动二：结合课文内容，辨识"叶""落叶""木叶""落木"这组概念。

1. 自由交流，说说你对"叶""落叶""木叶""落木"的不同理解。

【提示】学生可能对后两个概念说得比较多，其实前两个概念也并不容易理解，需引导学生关注"叶"的生命全过程、全模式，注意种概念的属性，关注"落叶"的色、态以及"落叶"背后隐藏的悲秋之情。后两个概念，侧重于理解课文内容，辅之以个性化的解读。

2. 教师点析，拓宽学生的认知范围。

【提示】点析内容可参考"文本解读"第二部分。实际授课时，教师也可以结合自身理解进行分析，或者由班级内理解能力强的学生进行解读。

注意："木叶"本质上不属于一个意象，而是"木"与"叶"组合成的动态性的意境，其强调的重点是"木"而非"叶"；"落木"也不属于一个明晰的意象，而是一种场景，其强调的重点因语境的不同而呈现出较大的差异。例如，"无边落木萧萧下"中"落木"重在描绘千山万壑的黄叶从枝头纷纷而下的萧瑟，偏向于"落叶"；"落木千山天远大"中"落木"重在描绘树木叶落之后绵密消失、疏朗呈现的空阔，偏向于"无叶的树"。

3. 结合前两项内容，填写下表。

概 念	季 节	色 泽	画 面	情 感	内 涵	审美体验	文化符号
树叶							
木叶							
落木							

【提示】表格内并无"标准答案"。填表的目的只在于借表格进一步梳理文本内容,强化对核心概念的深度辨析。

【参考示例】

概 念	季 节	色 泽	画 面	情 感	内 涵	审美体验	文化符号
树叶	四季	绿为主	静态	无	无	无	无
木叶	秋季	枯黄	树、叶并存	秋之悲凉	落叶的微黄与干燥,疏朗的清秋气息。	见木为主,见叶为辅,画面感强,能激发联想与感悟。	贯穿两千年诗歌史的经典词汇,具有丰富的暗示性。
落木	秋季冬季	枯黄或者苍茫	群像,远景镜头	悲凉、壮阔	辽阔苍茫,强化整体感受。	见悲凉亦见抗争,联想空间大。	秋冬之肃杀,有时空感。

4. 师生合作探究:

(1)古典诗歌中,"木"一定优于"树","木叶""落木"一定胜于"落叶"吗?结合学过或者背诵过的具体诗句进行探究。

(2)赏读"惟草木之零落兮,恐美人之迟暮""国破山河在,城春草木深",区分两句中"草木"的差异。

【提示】两个活动可根据实际教学情况或先后或同时展开。后一个活动可以帮助解决前一个活动中的问题。需引导学生注意"草木"并用是一种常态化表达,"草木"中的"木"不只是树,还包括各种灌木。

注意:"城春草木深"中的"木",并不具备《说"木叶"》中"木"的"微黄、干燥和疏朗",而是春天的树,绵密繁荣。

（四）深度思考，体悟个性

活动三：给文本纠"错"，体悟文学随笔中的个性化表达。

1. 有读者在研究《说"木叶"》时，发现文章中有一个论据、两个成语以及若干处论证使用得有瑕疵，你能找出这些内容吗？

【提示】文中引用杜甫《登高》"无边落木萧萧下"充当论据时，最终形成的是"落木千山"的空阔。事实上，这两个"落木"并非同一意义。杜甫的"落木"就是落叶，"萧萧下"不但不空阔，反而十分绵密，意在强调落叶之多之范围广大。黄庭坚的"落木千山天远大"的"落木"是树叶落尽之后的寒树，因万树无叶，方显出空阔寂寥。

两个使用不够准确的成语，一是"一言难尽"，多用在不好的事物上，二是"一字千金"，可能是"一字千里"的误用。"一字千金"强调文字的价值极高，"一字千里"强调因一字之差而形成意义上的巨大差异。从这两个词语的语境意义上看，确实存在着误用。

所谓论证瑕疵，主要是引导学生关注课文前三段中的只引用而不分析论证。该问题未必真是"问题"，教师可抓住这一点带动全文结构的再整合。前三段只列现象而不分析，是为了引发读者的有意注意，促进读者自身去思考探究。这样的安排，颇有孔子"不愤不启，不悱不发"的意蕴。

2. 教材编写者认为《说"木叶"》的写作目的是从"暗示性"这一角度分析中国诗歌的基本特征，但也有研究者认为《说"木叶"》的写作目的就是解析"木叶"这个词汇。"暗示性"等内容不过是解析这个词汇时引用的理论论据。持此种观点的研究者拥有的一个有力论据是：《唐诗综论》的目录中，该文的题目为"说'木叶'——《九歌》：嫋嫋兮秋风，洞庭波兮木叶下"。两种观点，你认同哪一种？

【提示】该问题依旧指向文章的结构和写作意图，用以完成学习目标2。两种观点皆有一定的道理，重在引导学生结合文本具体内容进行分析，不强调答案的唯一性。

3. 由上面两个问题，可以发现文学随笔具有什么样的特点？它和学术论文相同吗?

【提示】文学随笔具有鲜明的个性。作者只是写其个性化的思考与认知,不具备普适性。学术论文则必须具有普遍性价值,其原理能够被反复验证,方法能够被不断运用。

(五)课外延展,学以致用

活动四:中国古典诗歌中,"月"是一个经典型意象。新月、残月、缺月、满月……不同的表达背后均藏匿着不同的暗示性。请从学习过、背诵过的古诗词中筛选出十个含有"月"的诗句,整合分析不同语境下的"月"的不同意义。

【提示】可在课堂上组织学生背诵含有"月"的诗句,有目的地选择出十个各具特性的句子,用作解析的载体。赏析时需注重多重联想,着力于发掘附加在"月"上的独特情感,并依从情感追溯其创作缘由,完成"以意逆志"的发现之旅。

第15讲　精准筛选，精确表达

——《在〈人民报〉创刊纪念会上的演说》《在马克思墓前的讲话》
任务群解读与整合教学

课程定位

　　统编版高中语文必修下册第五单元主题为"抱负与使命"。该主题隶属于高中语文十八个学习任务群之"实用性阅读与交流"，兼及"思辨性阅读与交流"。

　　教材"单元导语"预设的教学目标有四：通过专题研讨，加深对"抱负与使命"的认识；分析并掌握各文本"切于实用，关注特定对象、富于针对性的特点"；结合具体作品，学习有理有据地发表意见，阐发主张；把握书信注重交流、抒写自由的文体特质，体会作者的真挚情感。四个目标的终极价值，在于培养并提高中学生的使命意识，使之自觉承担相应的社会责任。

　　将上述单元学习目标和第10课两篇课文的"学习提示"进行整合，可将《在〈人民报〉创刊纪念会上的演说》《在马克思墓前的讲话》两文的学习任务确立为：1.了解演讲词的特点，学习运用演讲发表意见，阐发主张的方法；2.从演讲目的、场合和对象等方面理解、辨析两篇演说词，获得人生启迪，汲取精神力量；3.进行比对式阅读训练，依照相关任务精准筛选特定信息。

文本解读

一、要点提炼，整体感知

由课文注释①可知，《在〈人民报〉创刊纪念会上的演说》是马克思参加《人民报》创刊四周年宴会时发表的即兴演讲。倘若剥离掉四个段落中的所有修辞和隐语，只用最客观、最概括的表达直陈马克思的主张，则本文阐释的主要观点，不过是1848年的欧洲大革命虽然在一定程度上动摇了社会的政治经济体制，却并未真正改变人类的命运，未能化解时代的生产力与社会关系之间的对抗，唯有工人阶级这一社会的新生力量发挥作用，才能真正赢得"他们的本阶级在全世界的解放"。

如果只将这样的结论直白地告知听众，显然缺乏应有的说服力。马克思选择了迂回包抄的方法，把最想表达的内容放到最后，先从听众们熟知甚至亲身参与的1848年革命开始切入。这场轰轰烈烈的资产阶级革命，"打击了欧洲各国的封建专制制度，锻炼了无产阶级和革命群众，对马克思主义和后来欧洲工人运动及社会主义运动的发展有着深远的影响"（课文注释②），但马克思却在开篇第一句称其为"一些微不足道的事件"，仅此一句，便不但亮明了马克思的态度，也迅速抓住了听众的注意力。由这一句起，马克思先剖析1848年革命对欧洲社会形成的影响力，再含蓄地指出只有无产阶级解放才能真正击碎所有落后与黑暗的社会发展方向，然后重点围绕科技发展与社会衰颓的矛盾，分别从革命属性、现实的矛盾、党派间的不同认知等三个视角解析资产阶级革命的局限，最后引出"要使社会的新生力量很好地发挥作用，就只能由新生的人来掌握它们"的核心观点，倡议英国的工人阶级行动起来，自觉承担社会和历史赋予的这份"执刑者"的使命。

归总上述分析，可将《在〈人民报〉创刊纪念会上的演说》的四个段落划分为三部分：第一部分（第1段）陈述事实，引出论题；第二部分

（第 2、3 段）运用类比与对比，引出矛盾，引发思考；第三部分（第 4 段）剖析矛盾，深挖本质，亮明观点，发出倡导。其中，第三部分为全文的演说重点。

《在马克思墓前的讲话》是恩格斯在马克思葬礼上发表的讲话。此文与一般意义上的悼词相比，既有总体格式的一致性，又有内容呈现的特殊性，可将其理解为以追悼为目的的演说。

全文九个自然段，可归结为三个部分：第一部分（第 1、2 段）概述马克思不幸逝世，简述其逝世所带来的不可估量的损失；第二部分（3—8 段）：论述马克思的两大贡献，赞扬马克思的战斗精神及其取得的成就，列举马克思从事革命活动的主要事迹；第三部分（第 9 段）赞扬马克思的英名和事业永垂不朽。

二、难点突破，汲取养分

（一）三个概念：革命、新生力量、新生的人

《在〈人民报〉创刊纪念会上的演说》中的革命，根据其意义差别可区分为资产阶级革命（即 1848 年欧洲革命）、蒸汽等技术带来的工业革命和工人阶级革命三大类别。工业革命指向蒸汽、电力和自动走锭纺纱机等现代工业技术带来的"减少人类劳动和使劳动更有成效的神奇力量"，其特征是一方面"产生了以往人类历史上任何一个时代都不能想象的工业和科学的力量"，"使物质力量成为有智慧的生命"，取得了"工业上如此巨大的进步"，另一方面又"引起了饥饿和过度的疲劳"，使"不可思议的魔力"转换成"贫困的源泉"，使"人的生命""化为愚钝的物质力量"。

工业革命带来的这份矛盾，根源不在于机器而在于人，在于把持着机器的资产阶级。资产阶级中的大多数人依靠手中的财富不断制造社会矛盾，少部分的自由主义知识分子虽试图通过革命来消弭这些矛盾却因为无法从根本上改变生产资料的拥有关系，也就无法真正实现社会变革的目

的。所以马克思说："所谓的 1848 年革命，只不过是一些微不足道的事件，是欧洲社会干硬外壳上的一些细小的裂口和缝隙。"

真正能够把"由坚硬岩石构成的大陆撞得粉碎"的革命力量，是"无产阶级解放"，是工人阶级革命。在马克思的思想中，工人阶级革命才是破解社会发展困局的唯一方法。工业革命的核心，在于将代表着社会新生力量的蒸汽、电力和自动走锭纺纱机等交给工人阶级这一"新生的人"掌握。

阅读《在〈人民报〉创刊纪念会上的演说》时，只有理顺了上述三种革命和两类"新生"的关系，才能正确读懂文义。

（二）三个重点句

1.那些革命吵吵嚷嚷、模模糊糊地宣布了无产阶级解放这个 19 世纪的秘密，本世纪革命的秘密。

解析：该句中的"那些革命"指向 1848—1849 年间欧洲多国先后爆发的资产阶级革命。这些"革命"虽声势浩大，但未能从根本上革除欧洲封建势力对社会发展进步的制约，故其革命也就只落下"吵吵嚷嚷"之形，无变革社会之实。另外，"那些革命"并不能够清醒地认识到自身的局限，不能准确发现工人阶级革命的重要价值，只是以自身的不成功"模模糊糊"地宣布必须另寻出路的事实，而这事实只能是工人阶级革命和无产阶级解放。马克思正是在"那些革命"的"模模糊糊"中精准发现了无产阶级的汪洋大海，才成功开辟了一条人类社会发展的全新道路。

2.蒸汽、电力和自动走锭纺纱机甚至是比巴尔贝斯、拉斯拜尔和布朗基诸位公民更危险万分的革命家。

解析：巴尔贝斯、拉斯拜尔和布朗基的身份是"公民"，蒸汽、电力和自动走锭纺纱机的身份是"革命家"，且"更危险万分"。称真正的革命家为"公民"，体现的是马克思对这些资产阶级革命家"公民"身份的认同，是对他们以公民身份担当社会责任的行为的认同；称机器为"革命家"，则标注了这些机器只会"革"社会与人的"命"，却不会主动承担

"公民"的责任与义务。恰恰是此种"革命"，构成了十九世纪中叶欧洲无法调和的社会矛盾，构成了 1848 年欧洲革命无法破解的社会困局。

3. 要使社会的新生力量很好地发挥作用，就只能由新生的人来掌握它们，而这些新生的人就是工人。

解析："社会的新生力量"指新技术、新能源和新的产业形态，"新生的人"指伴随着现代工业而出现的工人阶级。该句抓住资产阶级革命无法破解的难题——资本家占有生产资料——而解析事理，倡导由工人阶级掌握生产资料。在马克思看来，这是消解社会矛盾、推动社会健康发展的唯一方法。

（三）《在马克思墓前的讲话》的表达技巧

几乎所有的悼词，都由三个部分组成：概述逝者辞世的相关情况；回顾逝者一生的主要业绩；抒发怀念之情，表达深沉的哀思。

每一个逝去的生命，都在生活中留下过一定的印痕。回顾其一生的主要业绩时，只有从不同的角度进行归纳，才能避免表达上的混乱。马克思属于公众人物，对他的一生业绩的回顾，就要放在社会贡献上。故而，恩格斯先概述其在历史科学上的重要成就，再概述其在经济学领域的重大成就，然后指出其在各个领域中都有独到成果的事实，最后突出其作为革命家的成就。有了这四方面内容，人们对马克思的贡献，也就有了综合性感知。

需要注意的是，这几方面的成就，不是用具体的数据或者详细的故事来表达，而是采用直陈观点的方式，直接告知听众。当然，要让观点站得住脚，必须适当选用论据材料，并运用这些材料，进行简单分析。

既然马克思的业绩由四个不同的部分组成，而这几个部分间又存在着轻重主次之分，那么，悼词在陈述这些内容时，就必须依照一定的逻辑关系，或由主到次，或由次到主，渐次进行介绍。具体表达上，这样的逻辑关系，往往借助于一定的关联词语来完成。要真正读懂悼词的内容，了解逝者的业绩，体察致辞者的情感，就必须梳理段落间的逻辑关系，把握相关的关联词语。比如，在交代了马克思历史科学上取得的成就后，用了

"不仅如此，马克思还发现了……"这样具有递进关系的词语，将更重要的贡献引出来。有了这样的关联词，我们便可知道，至少在恩格斯看来，马克思在经济学领域的成就，价值大于历史学领域的成就。

类似的逻辑推演，在课文的第 5 段中表现更为明显。"即使……，也……。但是……，甚至……，都……"等一连串的关联词，不但进一步呈现出马克思的伟大与聪颖，而且既概括了前几个段落的内容，又领起了下文的内容，在文章的起承转合中发挥了重要的作用。

此外，悼词的使用场景决定了它的表达必须简约概括，既要用有限的话语，对人的一生进行最宏观的评述，又要兼顾重大的事件、重大的成就。这样的特性，也决定着悼词的表达方式必然以叙议结合为主。只有观点，没有论据材料，观点便难以服众；只有具体的故事，没有必要的提炼，表述便难以清晰。《在马克思墓前的讲话》在观点确立和论据列举上，就很好地将叙议两方面内容结合起来，先摆观点，再列举并分析证据。比如文章的第 2 段，就属于列举观点，而第 3、4 段，以及后面的第 6、7 段，就都是围绕第 2 段中的"不可估量的损失""形成的空白"而进行的分析。这四段的分析，均侧重于主要业绩的概括叙述。表达方式上，以记叙为主，议论为辅，叙议结合，夹叙夹议。

教学设计

设计理念

　　本课的两篇文章在体裁上具有相近性、内容上具有相关性，适宜于通过比对式阅读获取有效信息。另外，前一篇文章侧重于呈现马克思在具体问题上的思考与发现，后一篇文章侧重于归纳马克思一生的成就与贡献，两文构成内容上的互补。教学时，可用后文的归纳引导前文的赏析，也可用前文的事例验证后文的观点。

组织教学活动时，各用一个课时梳理两篇课文，第三课时进行比对阅读。让学习真正发生的关键，依旧在于学习情境的创设和驱动型任务的设计。

一、教学目标

● 基础目标：

1.进行比对式阅读训练，依照相关任务精准筛选特定信息。

2.借助关键词、关键句和论证方法的赏读，理解文本的深刻内涵。

● 核心目标：

3.从演讲目的、场合和对象等方面理解、辨析两篇演说词，获得人生启迪，汲取精神力量。

● 拓展目标：

4.学习运用演讲发表意见，阐发主张的方法。

四项目标中，目标 2 为教学重点，目标 3、4 为教学难点。

二、教学流程

第一课时

（一）创设情境，明确任务

1.恩格斯说："马克思在他所研究的每一个领域，甚至在数学领域，都有独到的发现，这样的领域是很多的，而且其中任何一个领域他都不是浅尝辄止。"今天这节课，我们就以《在〈人民报〉创刊纪念会上的演说》为例，看看马克思在社会革命和即兴演讲两个领域中是否真的拥有独到之处。

2. 明确本课时学习任务。

（1）自主学习，发现并理解马克思对社会革命的独特见解。

（2）合作探究，结合论证方法赏读关键词句。

（二）自主研读，完成任务一

PPT 呈现任务一，限时 5 分钟完成课文的自读，随后 10 分钟时间提炼信息，完成信息整合，再合作交流探究。开展学习活动时，利用 PPT 对任务一进行分解，借助预设的任务指令明确学习内容。

活动：自读文本，填写表格（15 分钟）。

概　　念	内　涵	特　征	影响力	情感词汇
所谓的 1848 年革命				
"这个社会革命"				
"这种革命"				

【提示】阅读《在〈人民报〉创刊纪念会上的演说》最大的障碍，就是文章中的三种"革命"。借助该表格，在学习之初便梳理三种"革命"的内涵、特征与影响力，同时了解作者对此三种"革命"持有的不同情感，有利于正确理解文本内容，理性思考马克思对 1848 年革命的独特认知。

【参考示例】

概　　念	内　涵	特　征	影响力	情感词汇
所谓的 1848 年革命	资产阶级革命	吵吵嚷嚷，模模糊糊，微不足道。	在欧洲社会干硬外壳上碰撞出一些细小的裂口和缝隙。	所谓的，只不过，可怜，卑劣……

续 表

概 念	内 涵	特 征	影响力	情感词汇
"这个社会革命"	产业技术革命	减少人类劳动，使劳动更有效。	一方面产生了以往不能想象的工业和科学的力量，一方面又显露出衰颓的征兆。	危险万分，压抑，可怕……
"这种革命"	工人阶级革命	汪洋大海。	把由坚硬岩石构成的大陆撞得粉碎。	新生，勇敢，光荣，解放，英勇……

（三）赏析词句，完成任务二

1. 赏玩关键词，梳理文意。

（1）阅读下文，与课文内容作比较，探究被删改的词汇的重要价值。

1848 年革命，是一个重要事件，是欧洲社会干硬外壳上的裂口和缝隙。它们暴露出了外壳下面的一个无底深渊。在看来似乎坚硬的外表下面，现出了一片汪洋大海，它动荡起来，把由坚硬岩石构成的大陆撞得粉碎。革命宣布了无产阶级解放这个 19 世纪的秘密，本世纪革命的秘密。

【提示】"所谓的"传递出情感上的不认同；"只不过""微不足道"强调其价值的微弱；"一些细小的"突出影响力的不足；"但是"建立在前面几个被删除的修饰语的基础之上，没有这些修饰语，也就丧失了语意的转折；"只要……就能……"既表达一种条件关系，也包含了一种假设关系，没有了这组关联词，就变成了肯定陈述，将尚未发生的事变成已经发生的事。

（2）讨论：为什么巴尔贝斯、拉斯拜尔和布朗基是"公民"，蒸汽、电力和自动走锭纺纱机是"更危险万分的革命家"？如何理解该句中的"公民"和"革命家"？

【提示】称真正的革命家为"公民"，体现的是马克思对这些资产阶级革命家"公民"身份的认同，是对他们以公民身份担当社会责任的行为的认同；称科技产物为"革命家"，则标注了这些科技产物只会"革"社会与人的"命"，却不会主动承担"公民"的责任与义务。恰恰是此种"革命"，构成了19世纪中叶欧洲无法调和的社会矛盾，构成了1848年欧洲革命无法破解的社会困局。

（3）讨论：如何理解"我们的勇敢的朋友好人儿罗宾，这个会迅速刨土的老田鼠、光荣的工兵"这三个概念？

【提示】引导阅读课下注释，注意罗宾"喜欢恶作剧""矛盾冲突的制造者"在本文的褒义色彩，亦要注意刨土、工兵都具备挖掘土壤的共性。汇总这三个词汇，其实就是三个字：掘墓人。新生的工人阶级必将成为资产阶级的掘墓人。

2. 咀嚼关键句，解析内涵。

（1）探究"在我们这个时代，每一种事物好像都包含有自己的反面"的含义。

【提示】"我们这个时代"特指当下的工业革命和资产阶级革命的时代，在这样的时代中，不但每一种事物都包含有自己的反面，而且其反面的影响力更大。这句话的潜台词是，只有进入到工人阶级革命的时代，才会消灭了事物的负面影响。

（2）探究"财富的新源泉，由于某种奇怪的、不可思议的魔力而变成贫困的源泉"的含义。

【提示】该句的关键是"某种奇怪的、不可思议的魔力"这一短语。马克思真的不知道这个"魔力"是什么吗？显然不是，这一表达在于给听众留下反思的空间，把谜底留给下文揭晓。

（3）"我们的一切发明和进步"，为何带来的结果却是"使物质力量成为有智慧的生命，而人的生命则化为愚钝的物质力量"？

【提示】机器是"使劳动更有成效的神奇力量"，能够左右很多人的命运，所以是"有智慧的生命"；人"愈益成为别人的奴隶或自身的卑劣行为的奴隶"，丧失了道德，丢失了思想，所以是"愚钝的物质力量"。

3. 探究论述技法，理解作者的情感。

活动：归纳本文的论证技法，结合具体内容简要分析其中包容的作者情感。

【提示】文中使用最多的论证方法是对比论证。既有规模宏大的资产阶级革命和期盼发生的工人阶级革命的对比，也有特定时代科技发展和社会衰颓的对比，还有蒸汽、电力和自动走锭纺纱机引发的"革命"与巴尔贝斯等法国革命家引发的"革命"的对比等。

此外还有多处的比喻论证和类比论证。例如，第 1 段中，以"干硬外壳"比喻看似强大却缺乏温情与润泽的欧洲社会政治经济体制，以"细小的裂口和缝隙"比喻 1848 年革命对此种"干硬外壳"的"战斗成果"，再以"汪洋大海"比喻工人阶级，以"它动荡起来，就能把由坚硬岩石构成的大陆撞得粉碎"比喻工人阶级革命具有的摧枯拉朽的气势与威力。第 2 段中，蒸汽等科技成果和巴尔贝斯等革命家在行为和结果两方面构成类比，"大气把两万磅重的压力加在每一个人身上"和欧洲社会多种革命从四面八方包围着每一个人在现象和感受两方面构成类比。第 3 段中，现代工业革命带来的衰颓征兆和罗马帝国末期出现的可怕情景亦形成最终结局的类比。

借助于三种论证技法，马克思表达出了对新生的工人阶级的无比热爱和期望。

第二课时

（一）创设情境，明确任务

1. 透过 1848 年欧洲革命的"吵吵嚷嚷"和"模模糊糊"，马克思清醒并清晰地发现了工人阶级革命的潜在价值。拥有此种过人见识的马克思，还在哪些方面也取得了令人瞩目的成就呢？这节课，我们将通过"三步阅读法"学会快速而准确地筛选信息，提炼课文要点内容。

2. 明确本课时学习任务。

（1）了解并运用"三步阅读法"，精准把握课文主要内容。

（2）梳理文章结构，大体了解悼词的行文特征。

（3）依托关联词和复句关系，品读恩格斯语言的逻辑性。

（二）研读文本，完成任务一

1. "三步阅读法"简介。

"三步阅读法"存在多种版本，整体上可归结为初读、细读和研读三个步骤。依照认知规律，初读侧重于整体感知，对文本形成整体性印象；细读突破细节，筛选并整合相关信息，获取相关知识；研读发现并探究相关问题，对文章的内容、形式、情感等进行分析鉴赏。阅读中的这三个步骤，初读指向文本"写了什么"，细读指向文本"怎么样写"和"为什么写"，研读指向"这样写好不好"。

2. 初读文本，用最精要的语言概括马克思的伟大成就。

【提示】初读不等于速读，需一边阅读一边在书本上圈画批注，画出关键词句，写出最初的阅读感悟。

【参考示例】马克思不但发现了物质基础决定上层建筑这一人类历史的发展规律，还发现了现代资本主义生产方式和它所产生的资产阶级社会的特殊的运动规律，更重要的是他积极投身于推翻资本主义社会及其所建立的国家设施的事业，领导并亲身参加无产阶级的解放事业。

3. 细读文本，梳理马克思三大成就间的逻辑关系。

（1）第2段为什么说"这个人的逝世，对于欧美战斗的无产阶级，对于历史科学，都是不可估量的损失"？

（2）在马克思之前，人们如何看待物质与精神或思想活动间的关系？

（3）第3、4两个段落的内容，存在什么样的逻辑关联？

（4）第5、6两个段落似乎并未介绍马克思的三个成就。这两段文字想要表达的意义是什么？在全文中有何作用？

（5）哪些因素让马克思成为"当代最遭嫉恨和最受污蔑的人"？

【提示】五个问题的答案，均可以从课文细读中获取。组织讨论时，应让学生充分发言，用这五个问题带动对文章主体部分内容的梳理。其中，第（4）问涉及的两个段落，看似脱离了三大成就，实则是交代其能够取得各种成就的根本性原因。

4. 研读文本，发现前后文的逻辑关联。

（1）第 2 段的总领，和此后六个段落的具体阐释在内容上并不对应，你如何看待这样的安排？

【提示】第 2 段先说欧美战斗的无产阶级，再说历史科学。主体部分先阐释马克思在历史科学上的发现，再阐释在现代资本主义运动规律上的发现，然后概述马克思在众多领域中的成就，最后才详细介绍其作为革命家而取得的成绩。此种安排，概述时先主后次，详细介绍时先次要后主要，形成了一个闭合的圆环。

（2）第 3 段第一句为什么要先说达尔文，后说马克思？请用一句话概括该段中的马克思的研究成果。

【提示】达尔文的发现已得到全社会的认同，以达尔文引出马克思，既告知听众马克思的研究与达尔文研究的区别，也将二者放在同样重要的地位进行歌颂。该段中马克思的研究成果为：吃喝住穿等物质需求影响甚至制约国家的政治、科学、艺术、法律、宗教等意识形态领域。

（3）第 3 段中有一个句子翻译成中文时存在着明显的语病，找出并分析其病因。

【提示】"所以，直接的物质的生活资料的生产，从而一个民族或一个时代的一定的经济发展阶段，便构成基础，人们的国家设施、法的观点、艺术以至宗教观念，就是从这个基础上发展起来的。"该句的主要问题包括逻辑混乱、搭配不当、关联词语使用不当。该句如果修改，可修订为"从一个民族或一个时代的一定的经济发展阶段看，直接的物质的生活资料的生产往往构成社会发展的基础，而国家设施和人们的法的观点、艺术以至宗教观念，都是从这个基础上发展起来的"。

（三）梳理结构，完成任务二

活动：以《在马克思墓前的讲话》为样本，探究演说类的悼词的基本结构与表达要求。

【提示】该活动可根据前面两个环节的教学用时而确定探究的深度，须尽量多地安排学生发言。答案参见"文本解读"第二部分第三点。

（四）品读细节，完成任务三

活动：《在马克思墓前的讲话》自进入中学语文教材以来便被视作语言逻辑性表达的典范。请圈画出课文中的过渡段、过渡句和串联文句的关联词语，品味恩格斯环环相扣、层层推进的语言力量。

【提示】此问题需紧扣文本逐步品读。实际授课时，可根据前几个环节的教学用时而灵活处理。时间允许时，组织学生逐段品鉴；若时间不允许，便作为课后学习任务布置。

第三课时

（一）创设情境，明确任务

1. 经验告诉我们，但凡两篇或多篇文章被组合为一篇课文，则这些文章间一定存在着内容或形式上的相关性。今天这节课，我们就开动脑筋，找一找第 10 课的这两篇文章间的联系。

2. 明确本课时学习任务。

（1）借助比对式阅读，形成不同文本间的意义互释。

（2）从演讲目的、场合和对象等方面理解、辨析两篇演说词，获得人生启迪，汲取精神力量。

（3）学习运用演讲发表意见、阐发主张的方法。

（二）比对阅读，完成任务一

活动一：以《在〈人民报〉创刊纪念会上的演说》为论据素材，从《在马克思墓前的讲话》中寻找相应观点，组合成新的语段。

【参考示例】正因为马克思发现了现代资本主义生产方式和它所产生的资产阶级社会的特殊的运动规律，发现了特定时代的生产力和社会关系之间的不可调和的对抗，才能够透过1848年欧洲资产阶级革命轰轰烈烈的表象，敏锐地指出其"使物质力量成为有智慧的生命，而人的生命则化为愚钝的物质力量"的本质属性，最终向全世界无产者发出号召，用新生的人来掌握新生的力量。

【提示】此项活动旨在打通具体事例和抽象阐释间的逻辑关联，实现两篇文章的因果互证。具体开展时，先独立完成，然后小组内交流，最后抽样在全班交流。预计用时10分钟。

活动二：从《在马克思墓前的讲话》中寻找相关素材，回答下列问题。

1.《在〈人民报〉创刊纪念会上的演说》的第1段中，"所谓的1848年革命"为什么只能是在欧洲社会干硬外壳上碰撞出"一些细小的裂口和缝隙"，不能从根本上撞碎？

【提示】《在马克思墓前的讲话》第4段："先前无论资产阶级经济学家或者社会主义批评家所做的一切研究都只是在黑暗中摸索。"因为未能发现解决问题的根本在于社会关系的矛盾。

2. 马克思为什么能透过19世纪的"以往人类历史上任何一个时代都不能想象的工业和科学的力量"，发现其"显露出衰颓的征兆"？

【提示】一是因为马克思在他研究的每一个领域都有独到的发现；二是因为他对那种对工业、对一般历史发展立即产生革命性影响的发现充满喜悦，密切关注其发展；三是因为马克思是一个革命家，其使命就是推翻资本主义社会及其所建立的国家设施。

3. 马克思为什么会认为以现代工业和科学为一方与以现代贫困和衰颓为另一方的对抗是"不可避免的和毋庸争辩的"？

【提示】因为剩余价值规律的制约，也因为建立在剩余价值带来的物质财富基础上的上层建筑的制约。

4. 马克思的革命言论，为什么能被《人民报》创刊四周年宴会上的听众接纳？

【提示】因为马克思是一个真正的革命家，他在此次演讲前的十多年间撰写了大量的宣传革命的文章，亲身参与了多地的革命组织活动，他"第一次使现代无产阶级意识到自身的地位和需要，意识到自身解放的条件"。

（三）合作探究，完成任务二

活动三：填写表格，探究相关问题。

课　文	演讲目的	场　合	听　众	演讲者的立场与观点	获得的人生启迪与精神力量
《在〈人民报〉创刊纪念会上的演说》					
《在马克思墓前的讲话》					

【提示】该表格的内容相对简单，可将主要精力放在后两列内容的概括与提炼上。言之成理即可，不强调答案的唯一性。

活动四：借助这两篇课文，结合上表内容，提炼有关演说稿写作的相关技巧。

【提示】演讲必须具有十分明确的针对性，提出的问题须是听众感兴趣的，或者是应该引起重视的；语言要简练有力，不绕弯，能快速入题，把听众的注意力吸引到演说的内容上；说理要具体，注重逻辑分析，不强加观点；可适度抒情，以情感打动听众。

（四）学以致用，完成任务三

活动五：请以"致敬马克思"为主题，写一篇 500 字以内的短演讲稿。

【提示】该活动旨在检测两方面的学习效果：一是检测对文本内容的理解与整合，二是检测演说技能的掌握与运用。如果课内时间不够，则可将字数增加到 800 字，课外完成。教师需及时批阅点评。

第 16 讲　发现言外之意，体悟个中之巧
——《谏逐客书》创意解读与教学设计

课程定位

　　《谏逐客书》所属第五单元的教学任务，在前一篇课文的解读与教学设计中已作分析。

　　教材编写者虽将《谏逐客书》《与妻书》两文整合为一个学习任务群，但这两篇文章在内容与形式两方面都存在较大差异，很难形成内容或形式上的互释。加之此两篇文章均为文言文本，文意梳理有一定的障碍，且需积累一定量的古汉语知识，故应将两文拆解，使其成为同一学习任务下的两篇独立文本，先逐篇赏读，再统整学习。

　　《谏逐客书》的学习任务，指向文体、文言知识和作品内容。综合"单元导语"和课后"学习提示"，可预设为：1. 诵读文本，疏通文义，提炼各段要点信息；2. 赏读重点词句，发现言外之意，品味文章的言说技巧；3. 从目的、态度、逻辑层次、论证方法、语言运用五个角度提炼信息，感知战国策士的论辩风格。

文本解读

一、提炼要点，整体感知

《谏逐客书》是李斯写给秦王嬴政的一道奏章，以当下的文体界定其文本属性，应为实用类文本。实用，就是要凭借文字的力量真正解决现实生活中遭遇的问题。

《谏逐客书》要真正解决的问题，是"吏议逐客"且秦王接受了该建议，下令驱逐在秦的六国客卿。

既然"逐客"已成事实，则"吏议逐客"便不值得分析批判，而应将矛头直指落实该建议的秦王。所以，如果从病根上下药，李斯应该开宗明义，直言"臣闻王之逐客，窃以为过矣"。

但李斯不是愣头青，而是高明的政治家。政治家当然知道该由什么人"背锅"，所以开篇第一句便把秦王剥离出去，将所有的过错加到相关的"吏"的身上。李斯以客卿的身份品评相关官员的错误，既不犯上，也不越权。

逐客之"过"有哪些？依照言说习惯，既然开篇言"过"，紧随其后便应历数"逐客"的各种错误。但李斯知道，如果那样去说，就算是拉了"吏"当替罪羊，依旧属于指桑骂槐，有"逆龙鳞"的危险。于是，李斯宕开一笔，先列举秦国四位贤君因求士用士而裂土开疆的史料，自然引出"此四君者，皆以客之功""客何负于秦哉"的结论，再以一句假设论证从反面阐释"却客""疏士"的危害。如此，"逐客"之"过"不言而喻。

虽然有为的先王都依靠用士而建立了不朽功业，但在用人的问题上也存在着因时而变的状况。为了消解秦王的此种认知错误，李斯在第2段采用类比论证的手法，先不厌其烦地列举秦王聚天下之宝而"说之"的事实，再依托假设阐释拒绝他国之物的危害，借助"今弃击瓮叩缶而就《郑》《卫》，退弹筝而取《昭》《虞》，若是者何也？快意当前，适观而已矣"的设问，解析秦王的心理，自然引出对当下"逐客"行为的分析，指出其"此非所以跨海内、制诸侯之术也"的错误。这一段文字，列举事实时铺陈展开，多用骈句，论据翔实，语言酣畅淋漓。

第3段以常识启迪思考，抓住秦王渴望建立不世功业的心理，先以五帝三王的无敌为秦王描绘一幅最美的图画，再以逐客的现实危害为秦王敲响警钟。这一段文字，描绘美景时句式整饬，语言优美，敲响警钟时则变为散句，整散变化中情感自现。

第4段从正反两方面收拢全文。先借助比兴手法强调他国之宝之士的"可宝""愿忠"，再直陈"逐客以资敌国，损民以益仇，内自虚而外树怨于诸侯"的现实危害，最终得出"求国无危，不可得也"的终极结论。至此，"逐客必致国危、用士方可强国"便成为秦王不得不采纳的主张。

二、突破难点，研磨细节

（一）《谏逐客书》的两套话语系统

细心的读者会发现，《谏逐客书》在列举正面例证和进行反向解析时，采用的是两套不同的话语系统。凡需正面设例时，皆用短句、整句，两两相对，并举呈现，其中又以四言为主，朗朗上口，颇有《诗经》作品的神韵；而凡需反向解析"逐客"的危害时，便以散句表达观点，将本可并举呈现的四言句、五言句或六言句，组合成一个复杂单句或者压缩复句。

此种表达，绝非巧合，而是刻意为之。正面设例，皆以讴歌赞美为主，一者所言之事众所周知，二者句式齐整情感充沛，可迅速拉近言听双方的情感距离。反面解析，则注重以理服人，须用相对冷静的语言，将听者或读者拉入事理分析的应有逻辑之中。

将两套话语系统组合在一起，便构成了文章抑扬顿挫、张弛有度的言说效果。大脑中浮现出的言说者形象，便是时而口吐莲花、妙语如珠，时而轻声细语、苦口婆心。

（二）《谏逐客书》的动词运用

凡认真品读《谏逐客书》者，皆会折服于李斯在动词选用上的过人才华。文中铺陈列举论据材料时大量使用的那些动词，既贴近文意，又能精准表达出词意的细微差别，似乎每一个都使用得独一无二、恰到好处。

比如第1段，同样是收揽人才，具体却区分为"取"由余，"得"百里奚，"迎"蹇叔，"来"邳豹、公孙支。四个动词，四种状态，既列举出人才荟萃的场景，又照应了人物的不同身份。更重要的是，四个动词还不可互换。由余因西戎被灭而归顺秦，属于先取其国，再取其人，故为"取"；百里奚因以五张羊皮赎回，故为"得"；蹇叔因才干出众而被百里奚举荐，缪公请他入秦，故为"迎"；邳豹、公孙支主动由晋投奔而来，故为"来"。倘若表述为"迎"百里奚，便过于隆重；表述为"得"蹇叔，便过于随意；表述为"迎"邳豹、公孙支，便无法体现其主动归顺的属性。

同样是凭借武力拥有他国土地，具体表述时又区分为"拔"三川之地，"并"巴、蜀，"收"上郡，"取"汉中，"包"九夷，"制"鄢、郢，"据"成皋之险，"割"膏腴之壤。这一组动词，虽都是描述武力攻打的结果，但"拔"的费力、"收"的轻松、"取"的坦荡、"包"的霸道、"制"的蛮横、"据"的无赖、"割"的残忍与贪婪，全都依靠这些动词活灵活现地展示出来。

同样是整肃内政，"废"了穰侯，"逐"了华阳，"杜"了私门，因此而"强"了公室，最终达成了"蚕食诸侯，使秦成帝业"的目的。此处的废、逐和杜，同样不可互换，甚至没有其他动词可以替换。

第2段中并列使用的近义动词也有很多，比如写秦王拥有珠宝时，就陆续使用了致、有、垂、服、乘、建、树等七个动词。这些动词同样极尽机巧，很难用其他的近义词汇替换。

（三）《谏逐客书》的论证方法

从表达方式看，《谏逐客书》以议论为主，属于议论文中的政论文。全篇文章为了达成劝谏的目的，使用了多种论证方法。

第1段第二句起，列举秦国四位先王的功业，属于事实论证中的史实论证。第一段结尾句以"向使"领起，属于假设论证。二者并列，又构成了对比论证。

第2段先列举秦王对各种奇珍异宝的拥有及其情感，再谈其取人之道的不同，二者既有类比，又有对比。

第3段前半部分，融类比论证、因果论证和归纳论证为一体，形成环环相扣、层层推进的逻辑思辨力。后半部分由现象分析而推知最终结果，依旧属于归纳论证。前后两部分依旧构成对比论证。

第4段同样包含了类比论证、对比论证和归纳论证。

教学设计

设计理念

文言文本的学习，应秉持"以言释文，以文统言；先言后文，先赏读后探究"的原则，将学习重心锁定在文本本身。先依照预设的任务完成文本内容的赏读，然后探究写作背景和写作缘由，再结合学习者的生活经历感知文本内容的现实意义。学习过程中，既不能过分纠缠文言字词的翻译，也不能完全脱离古汉语知识，将文言文当作现代文组织学习活动。

两课时完成本篇课文的学习任务。

一、教学目标

● 基础目标：

1. 诵读文本，疏通文义，提炼各段要点信息。

2. 赏读重点词句，发现言外之意，品味文章的言说技巧。

● 核心目标：

3. 从目的、态度、逻辑层次、论证方法、语言运用五个角度提炼信息，感知战国策士的论辩风格。

● 拓展目标：

4. 学习该文的劝谏技巧，学会在生活中针对具体问题提出具体的意见或建议。

四项目标中，目标 2、3 为教学重点，目标 2 为教学难点。

二、教学流程

第一课时

（一）创设情境，明确任务

1. 鲁迅先生在《汉文学史纲要》中曾用两句话点评李斯的文学成就。一句是"法家大抵少文采，唯李斯奏议，尚有华辞"，另一句是"故由现存者而言，秦之文章，李斯一人而已"。为什么李斯的文章能够成为一个朝代的代表？为什么李斯的文章仅只是"尚有华辞"而不似庄子般"汪洋恣肆"？这两节课，我们就走进李斯的《谏逐客书》，寻找并发现其中的奥秘。

2. 明确本课时学习任务。

（1）诵读文本，疏通文义，提炼各段要点信息。

（2）赏读重点词句，发现言外之意，品味文章的言说技巧。

（二）自主研读，完成任务一

活动一：诵读全文，借助课下注释，疏通文义，提炼各段要点信息。

【提示】该环节需舍得投入时间，让学生真正读起来。教师需不断巡视学生自主学习的状态，督促浅尝辄止者静下心来逐句落实文言字词的理解。

各段要点信息如下：

第1段先开门见山提出观点，再以四位先王"以客之功"而"成帝业"的史实和"逐客"必然招致的结果作对比，论证客之于秦的重要价值。

第2段由喜爱外物、排斥客卿的对比，引出秦王"重物轻人"的错误，并进一步指出，这种"重物轻人"的做法不是统一天下的方略。

第3段先正面阐释"王者不却众庶"的价值，再反向解析"逐客"而"资敌国"的道理，有批评，更有建设性意见。

第4段收拢全文，先言客之忠诚，再言"逐客"必将危害国家的道理。

（三）合作探究，完成任务二

活动二：合作探究，赏读重点词句。

1.圈出第一段中的动词，结合人物身份或行为，辨析词义。

【提示】第一段中大量使用动词，精准描绘出秦国四位君主的不朽功业。这样的功业，正是秦王嬴政渴望拥有的。具体词义的赏析，既要结合课下注释，也要注重个体感悟。

2.翻译并赏析"孝公用商鞅之法，移风易俗，民以殷盛，国以富强，百姓乐用，诸侯亲服"。

【提示】该句"用商鞅之法"为翻译难点，"法"应作为名词，指商鞅制定的法令条文，不要将其理解为动词"变法"。"移风易俗"为沿用至今的成语，需积累，注意其中的使动用法。"乐用"需注意被动用法。"亲服"需注意区分两个词的情感差别，"亲"具有主动示好的特征，"服"则是被动接受。

3. 翻译并赏析"向使四君却客而不内，疏士而不用，是使国无富利之实而秦无强大之名也"。

【提示】"向使"教材中解释为"假使"，释义不准确。向，当初，从前；使，假使。"却客而不内"，拒绝客卿而不予接纳。"疏士而不用"，疏远贤士而不加任用。该句使用假设论证，反向阐释观点。

4. 圈出第2段中的动词，感知这些动作行为背后的言外之意。

【提示】第2段第一句使用了七个动词，一方面用以引出这些珍宝非秦之产的属性，另一方面也间接展示秦王的贪婪，为下文的"秦不生一焉，而陛下说之"张本。中间部分的"饰后宫，充下陈，娱心意，说耳目"四个短语，动词与宾语搭配精准，从四个角度写秦王的享受，引出下文的反面论证。

5. 结合前文，辨析"江南金锡不为用，西蜀丹青不为采"中"为""用""采"三字的词性与词义。

【提示】各类资料中有关这两个句子的翻译，多采用意译。前一句被译作"江南的金锡不能用"，后一句被译作"西蜀的丹青不作为采色"。此种翻译，未能关注这组排比句的共性化语法结构。前文的"不饰朝廷""不为玩好""不充后宫""不实外厩"，语法结构均为"状+动+宾"，由此可推知，"不为用""不为采"也应该是"状+动+宾"。如此，则"为"必须读作 wéi，动词，译作"成为"；"用"，名词，译作"（日常）用品"；"采"，名词，译作"（水彩或粉彩）颜料"。

6. 第2段前部分明明谈的是逐客，为什么结尾处的总结不是"所轻者在乎客"，而是"所轻者在乎人民"？

【提示】该问题在自主学习时很少会被关注，此处提出来讨论，有助于更好地理解文章的内在逻辑。李斯不言客而言人民，属于故意偷换概念，不要将"人民"生硬解释为"客"。客的价值，在于帮助秦实现富国强兵。由这一点出发，逐客，便是逐富强安宁的生活，就是逐人民的幸福。所以，轻客的本质就是轻人民。

7. 第3段前三个句子的内容，与"逐客"有何关联？李斯为何要说这些？

【提示】该段第一句运用排比，列举了三种值得期待的现象。第二句继续使用排比，从因果分析的角度阐释达成目标的具体方法。需要注意的是，这两句话并未涉及"逐客"，而是依旧故意偷换概念、立足"众庶"来探讨问题，诱使秦王形成误读。至于第三句，则在前两句的基础上，以四个短句，十六个字，为秦王描绘出一幅无敌于天下的美好图景，并将秦王抬举到和五帝三王并驾齐驱的地位。有了这三个句子，"逐客"便被拓展为"却众庶"，原本只涉及少数人的一件事，被李斯成功地偷换成了涉及众多黎庶、事关国家是否能够无敌于天下的大事。有了前面这三句的铺垫，第四句自然便可"理直气壮"地形成"今乃弃黔首以资敌国"的结论。当然，这个结论和李斯的写作初衷并无关系，李斯要做的事是阻止秦王逐客，所以李斯迅疾将话题拉回"逐客"，以"却宾客以业诸侯"回到正题。

（四）思维延展，积累写作经验

活动三：课外自主研读文本，从"切题—拓展—拉回"这一角度学习《谏逐客书》的谋篇布局技巧。

【提示】李斯的文章是偏题还是故意偷换概念，不是该活动的探究任务。此项活动旨在帮助中学生学会写作考场作文。当其在考场作文中出现概念偏移时，不妨学习李斯的谋篇布局的手法。

第二课时

（一）创设情境，明确任务

1.上一节课开始时，老师提出了两个问题：为什么李斯的文章能够成为一个朝代的代表？为什么李斯的文章仅只是"尚有华辞"而不似庄子般"汪洋恣肆"？通过文本内容的梳理，能回答出这两个问题吗？请先独立思考，然后小组内交流。

【提示】前一个问题涉及秦王朝暴政背后的文学凋零，与本文内容并无太大关联，简单梳理即可。后一个问题需从写作目的、对象等因素考虑。探究该问题，是为了引出本节课的核心任务。

2. 明确本课时学习任务。

（1）从目的、态度、逻辑层次、论证方法、语言运用五个角度提炼信息，感知战国策士的论辩风格。

（2）知人论世，了解李斯的价值追求和本文的创作动因。

（二）合作探究，完成任务一

活动一：自主阅读，完成下表的填写。

写作目的	
立场态度	
逻辑层次	
论证方法	
语言运用	

【提示】此表可将《谏逐客书》的主要学习内容全部纳入，需给予充分的时间让学生归纳总结。

活动二：小组合作，讨论并丰富表格内容。

【提示】各小组内每一位学生均需发表观点。有争议的观点必须讨论，无法形成定论的留作班级探究。

活动三：抽样呈现研究成果或阅读困惑。有疑难问题时，教师组织全班作进一步探究。

【提示】学生可能很难发现有价值的真问题，教师可根据教学实际预设一两个有思维挑战性的问题，激发学生思考。比如立场态度上的言说视角，语言运用上的两套话语系统等。

【参考示例】

写作目的：劝谏秦王收回逐客令，为自身的发展铺设道路。立场态度：

将自身真实心愿藏起来，从秦国一统天下、长治久安的视角言事，既直陈"逐客"的危害，也描绘"用士"的美好前景。逻辑层次：先开门见山，亮明观点；再宕开一笔，颂扬前代帝王因"用士"而取得的成就；接着以秦王嬴政爱天下珍宝却不爱天下之士的对比，从"跨海内、制诸侯"这一宏大目标上解析"逐客"的危害性；然后以五帝三王"不却众庶"而"无敌"的史实，进一步劝谏秦王"用士"；最后以"士"的身份委婉表达忠诚，进一步点明"逐客"的危害。论证方法：事实论证、对比论证、比喻论证、类比论证、假设论证、因果论证、归纳论证等，详见"文本解读"。语言运用：整句为主，整散结合。颂扬时竭力铺陈，提出反面意见时简明扼要，直击主题。

（三）走进作者，完成任务二

活动四：分享与探究——《谏逐客书》创作背景。

1. 查阅资料，向同桌介绍李斯其人和本文的创作背景。

【提示】先各自查阅资料，再相互介绍。既强化知识信息的相互补充，也训练口头表达的精准简约。

2. 推荐发言。全班推荐两位同学分别介绍李斯和创作背景。

【提示】陈述性知识只强调语言表达的精准性。学生能够大致将来自各类资料中的信息表达出来即可。要点信息如下：

人物简介：李斯（约前 280 年—前 208 年），楚国上蔡人。先秦法家代表人物。早年为郡小吏，后从荀子学帝王之术，学成入秦。初被吕不韦任以为郎，后劝说秦王政灭诸侯、成帝业，被任为长史。秦王采纳其计谋，遣谋士持金玉游说关东六国，离间各国君臣，又任其为客卿。秦王政十年（前 237 年）下令驱逐六国客卿。李斯上《谏逐客书》阻止，为秦王嬴政所采纳，不久官为廷尉。在秦王政统一六国的事业中起了较大作用。秦统一天下后，与王绾、冯劫议定尊秦王政为皇帝，并制定有关的礼仪制度，被任为丞相。他建议拆除郡县城墙，销毁民间兵器，以加强对人民的统治；反对分封制，坚持郡县制；又主张焚烧民间收藏的《诗》《书》及百家语，禁止私学，以加强专制主义中央集权的统治。还参与制定了法律，统一车轨、文字、度量衡制度。秦始皇死后，他与赵高合谋，伪造遗诏，迫令始皇长子扶苏自杀，立少子胡亥为二世皇帝。后为赵高所忌，于秦二世二年（前208年）被腰斩于咸阳闹市，并夷三族。

背景事件：秦王决心统一天下，李斯提出"先灭韩，以恐他国"的吞并顺序。韩国怕被秦国灭掉，派水工郑国到秦做间谍鼓动修建水渠（即郑国渠），目的是想削弱秦国的人力和物力，牵制秦的东进。后来，郑国修渠的目的暴露了。秦国宗室及群臣对外来的客卿议论很大，对秦王说："诸侯人来事秦者，大抵为其主游间于秦耳，请一切逐客。"秦王于是下逐客令，尽逐六国客卿，李斯也在被逐之列。李斯在离开咸阳时给秦王写下这份奏疏，劝秦王不要逐客。

（3）阅读下面三段文字，丰富对李斯的认知。

其一：（李斯）年少时，为郡小吏，见吏舍厕中鼠食不洁，近人犬，数惊恐之。斯入仓，观仓中鼠，食积粟，居大庑之下，不见人犬之忧。于是李斯乃叹曰："人之贤不肖譬如鼠矣，在所自处耳！"

其二：（李斯）乃从荀卿学帝王之术。学已成，度楚王不足事，而六国皆弱，无可为建功者，欲西入秦。辞于荀卿曰："斯闻得时无怠，今万乘方争时，游者主事。今秦王欲吞天下，称帝而治，此布衣驰骛之时而游说者之秋也。处卑贱之位而计不为者，此禽鹿视肉，人面而能强行者耳。故诟莫大于卑贱，而悲莫甚于穷困。久处卑贱之位，困苦之地，非世而恶利，自托于无为，此非士之情也。故斯将西说秦王矣。"

其三：秦王乃除逐客之令，复李斯官，卒用其计谋。官至廷尉。二十余年，竟并天下，尊主为皇帝，以斯为丞相。夷郡县城，销其兵刃，示不复用。使秦无尺土之封，不立子弟为王，功臣为诸侯者，使后无战攻之患。

【提示】三段文字均出自《史记·李斯列传》。可先引导学生疏通词句，再探究言行背后的性格与价值诉求。由此三段可归结出如下信息：

第1段文字中，李斯由两类老鼠的遭遇而发现环境对生活以及性格的影响，暗示出李斯对富贵权势的追慕。

第2段文字中，李斯善于分析形势，拥有强烈的功业意识。李斯跟荀卿辞别时的一段文字，翻译成现代汉语，即："我听说一个人若遇到机会，千万不可松懈错过。如今各诸侯国都争取时机，游说之士掌握实权。现在秦王想吞并各国，称帝治理天下，这正是平民出身的政治活动家和游说之士奔走四方、施展抱负的好时机。地位卑贱，而不想着去求取功名富贵，就如同禽兽一般，只等看到现成的肉才想去吃，白白长了一副人的面孔勉强直立行走。所以最大的耻辱莫过于卑贱，最大的悲哀莫过于贫穷。长期处于卑贱的地位和贫困的环境之中，却还要非难社会、厌恶功名利禄，标榜自己与世无争，这不是士子的本愿。所以我就要到西方去游说秦王了。"

第3段文字，简要介绍《谏逐客书》的后续影响。后两句可译为"拆平了各国郡县的城墙，销毁了各地的武器，表示不再使用。使秦国没有一寸分封的土地，也不立皇帝的儿子、兄弟为王，更不把功臣封为诸侯，使国家此后没有战争的隐患"。

（四）品读细节，感悟语言特色

活动五：清代学者李兆洛在《骈体文钞》中选录了《谏逐客书》，称此文为"骈体初祖"。你是否认同这样的评价？请结合课文内容以及其他文学知识简要分析。

【提示】首先，《谏逐客书》在语言运用上手法铺张，句式多用排偶，文气充畅，言调谐美，不乏色乐珠玉等方面的华美辞藻，极富文采。这些都是后世的骈体文共同拥有的语言特征。其次，《谏逐客书》之前的先秦诸子散文，从孔子到荀子，从老子到庄子，兼及其他各家的文章，在阐释事理时往往更多关注内容的丰富、逻辑的自洽，很少在语言形式上精心雕琢。即使是李斯的老师荀子，其《劝学》也在使用一定量的排偶句的前提下，尽可能多地使用近乎口语的常态化词句表达思想。

注意：该活动属于思维拓展类的学习任务，需引导学生跳出《谏逐客书》这一具体文本，从骈体文的形成与发展的大视角进行分析探究。活动中应致力于体现学生这一主体的思考与认知，教师在关键处适当点析即可。

（五）拓展延伸，丰富文化积淀

活动六：课余整理本课中含有的成语和名句，学会在日常生活中使用这些成语和名言。

【提示】成语有：移风易俗，随俗雅化，快意当前。名句较多，两两相对的句子大多言辞隽永且富有意义，如"太山不让土壤，故能成其大；河海不择细流，故能就其深"等。

第17讲　铁血育壮志，侠骨展柔情
——《与妻书》创意解读与教学设计

课程定位

　　《与妻书》所属第五单元的教学任务，前文已作解析。

　　之所以将《谏逐客书》《与妻书》从一个学习任务群中分离出来，以独立文本的存在形态进行赏读，是因为这两篇文章在内容与形式两方面都存在较大差异，很难形成内容或形式上的互释。加之这两篇文章均为文言文本，文意梳理有一定的障碍。但这并不等于可以舍弃任务群学习的应有属性，仅只是为了先分后总，在完成两个文本的整体感知与鉴赏之后，再将其整合为一个学习任务群，用一个课时开展综合性学习。

　　综合"单元导语"和课后"学习提示"，可将《与妻书》的学习任务预设为：1. 以《与妻书》为样本，了解书信体文章"不事营构、自由抒写"的结构特征与选材特征；2. 以"夫妻深情"与"家国使命"为并行的两条线索，拉动全文内容的梳理与理解；3. 将作品置入特定的时代大潮之中，感知作者写作时的复杂心理和崇高的思想境界。

文本解读

一、提炼要点，整体感知

《与妻书》共八个自然段，在结构上可分为四个部分：

第 1 段为第一部分，交代写信目的，抒写诀别之情。第 2—4 段为第二部分，追忆往事，表明心迹，既写生离死别之痛，又写"为天下人谋永福"之志。第 5 段为第三部分，阐释慷慨赴死的原因，交代身后之事。第 6—8 段再抒夫妻生离死别之情，在两难选择中展大爱情怀。

第一部分中的"吾作此书，泪珠和笔墨齐下，不能竟书而欲搁笔"，奠定全文哀伤的情感基调；"又恐汝不察吾衷，谓吾忍舍汝而死，谓吾不知汝之不欲吾死也"，交代写作缘由，统领全文内容，构成叙事和抒情的主线。段中的"吾衷"内涵丰厚，既有爱的忠诚、情的牵挂、家的难舍，又有以天下人为念的慷慨、宁为玉碎的执着、率性就死的崇高。

第二部分包含两个层次的内容。第 2 段为第一层，将夫妻之爱置于家国之情的宏大背景之下，表达"乐牺牲吾身与汝身之福利，为天下人谋永福"的崇高价值追求。第 3—4 段为第二层，回忆往昔的深情，体现死别之不舍。两个层次的内容，均在回答第一部分的"吾衷"。第一层是以身殉国的衷心，第二层是不忍夫妻死别的衷心。

第三部分先以"吾诚愿与汝相守以死"承接第二部分第二层的内容，再以一个"第"字引出内容上的转折，回到家国之情的宏大背景，以五个"可以死"直陈社会之黑暗，引出"钟情如我辈者，能忍之乎"的反问，揭示"率性就死不顾汝"的深层原因。第三部分第二层则又回到骨肉亲情之上，先言后继有人之幸，再言未来生活之清贫。这一层的内容，有幸也有不幸。两个"甚幸"的背后，其实是无法排遣的悲伤。

第四部分又一次将文字拉回到夫妻之情。三个段落构成三个层次，第 6 段从三个角度写即使身死亦不愿分离的深情，第 7 段立足于三种矛盾心态写两难选择，第8段以"当尽吾意为幸"呼应第一部分的"恐汝不察吾衷"，将万千情感归拢于一句看似寻常的叮嘱。

二、突破难点，研磨细节

（一）难句释义

> 然遍地腥云，满街狼犬，称心快意，几家能彀？司马青衫，吾不能学太上之忘情也。

腥云，比喻充满血腥的黑暗现实；狼犬，比喻社会上的各种邪恶力量。两个短句既构成互文，又存在因果关联。之所以"遍地腥云"，正因为"满地狼犬"。反过来看，"遍地腥云"又进一步滋生更多的"狼犬"。"称心"句采用倒装结构，将作为宾语的"称心快意"前置，和"遍地腥云，满地狼犬"的现实图景形成鲜明对照。以反问的方式呈现该句内容，则又尽显对现实的绝望之情。也正因为现实如此黑暗，作者才会在面对无尽的苦难时洒下热泪，才"不能学太上之忘情"，甘愿为了让所爱之人拥有一个美好的生存环境而"勇于就义"，才会念念不忘用自己和战友们的奋斗与牺牲去改变这个吃人的世界。

这两句话，前一句描绘现实的悲惨，后一句抒发内心的感愤，寥寥数语，勾勒出一位胸怀天下苍生、为民生疾苦而悲伤不已的侠士形象。

> 汝体吾此心，于啼泣之余，亦以天下人为念，当亦乐牺牲吾身与汝身之福利，为天下人谋永福也。

吾此心，指上文的"吾充吾爱汝之心，助天下人爱其所爱，所以敢先汝而死，不顾汝也"。作者将对妻子的爱拓展至对所有人的爱，为了让天下人能够爱其所爱，"称心快意"地生活在一个没有"遍地腥云，满街狼犬"的世界，甘愿选择牺牲生命。只是，这样的牺牲于己虽是死得其所，于他人却可能被误解为莽撞幼稚，不珍惜生命，不珍爱家人，不顾念亲情爱情，所以作者特别强调牺牲的价值，希望得到妻子的理解。

随后的两个"亦"字，引出两种假设、两种希望、两种心声，既是坦陈心迹，申诉心中的理想追求，也是对妻子的期望与宽慰，希望妻子能因为"为天下人谋永福"的崇高精神而消解心中的丧夫之痛，用自豪、骄傲甚至快乐表达出对作者之牺牲的理解、认同与接受。句中的"福利"与"永福"则在意义上形成对比。"福利"指夫妻间的长相厮守，享受小家庭的天伦之乐；"永福"指天下人的幸福安宁。在健康的社会中，"小我"的"福利"必然包含在天下人的"永福"之中，但在"遍地腥云，满街狼犬"的时代，二者永远不可兼而得之，便只能舍生取义，舍小我之"福利"，求天下人之"永福"。

天下人之不当死而死与不愿离而离者，不可数计，钟情如我辈者，能忍之乎？此吾所以敢率性就死不顾汝也。

"不当死而死"，指向前文的"天灾可以死，盗贼可以死，瓜分之日可以死，奸官污吏虐民可以死"。四种"可以死"中的后三种虽均为"人祸"，主体却各不相同。"盗贼"指向民间不法之徒，"瓜分"指向外敌的入侵，"奸官污吏"指向腐败政权。正是此种立体化的"吃人"社会结构，构成了20世纪初叶的中国"无时无地不可以死"的惨淡现实。

"不愿离而离"，指向上文的"即可不死，而离散不相见，徒使两地眼成穿而骨化石，试问古来几曾见破镜能重圆？则较死为苦也，将奈之何"。覆巢之下，焉有完卵，"死别"即使可免，"生离"亦难逃脱。"将之奈何"的反问，构成"生离"与"死别"的对比，突出"生离"的更难忍受。"不可数计"极言生离死别的普遍性，也为上文的"今日吾与汝幸双健"预设了一个可悲的未来。正是基于此种现实的惨淡和未来的可预见的悲伤，"钟情如我辈者"才不能忍受、不忍忍受，才宁愿"率性就死"亦死而无憾。

汝幸而偶我，又何不幸而生今日之中国！吾幸而得汝，又何不幸而生今日之中国！卒不忍独善其身。

句中的两个"幸"字，均以作者视角言事，词义上存在较大差别。"汝幸而偶我"，不是说"你有幸嫁给我"，而是"我很幸运，你嫁给了我"；"吾幸而得汝"，则是"我有幸娶到了你"。

两个"不幸"则意义相同，在反复中强化现实的黑暗。"不幸"前的修饰语"何"，将生在今日之中国的"不幸"渲染至极致。正因为生之"不幸"远远超过了小夫妻间的恩爱之"幸"，所以作者"卒不忍独善其身"，绝不苟活。

（二）难点辨析

1."儿女情"与"家国义"。

两千多年的华夏士子中，从来不乏舍生取义的英雄，亦不鲜见儿女情长的痴人，但要说在一篇诗文中将极其私密的夫妻之情和极为宏大的家国之义置于同等地位抒写，甚至以远超家国情怀的文字量反复渲染夫妻间的亲昵与美好，便只有林觉民一人，只有《与妻书》一文。

在林觉民之前，苏轼在《江城子·乙卯正月二十日夜记梦》、归有光在《项脊轩志》中也都用充满深情的文字表达过对亡妻的思念，但那两篇作品都建立在生者对死者的追忆的前提之下，且两人的妻子都因为疾病而辞世。更重要的是，就算超脱如苏轼，其写亡妻也最多只忆其"正梳妆"和"相顾无言，惟有泪千行"，绝不会像林觉民这样反复申明"吾至爱汝""吾真真不能忘汝""吾诚愿与汝相守以死"。大儒归有光更是只以"凭几学书"的细节和一棵亭亭如盖的枇杷树来寄托对亡妻的无尽情义。

林觉民对妻子的这份深情和这份毫不遮掩的正面表达，或许只有汉乐府民歌《上邪》与之相同。但《上邪》仅只有不离不弃的情爱，没有《与妻书》中情爱与大义的矛盾，没有铁血儿郎在山河破碎之际不得不背弃海誓山盟而慷慨赴国难的悲壮。《与妻书》的独特，正是独特在这份越是爱便越是要割舍的情感错位之上。这样的错位，便是鲁迅先生所定义的悲剧是将人生最有价值的那份美好撕碎了给人看。

中国文人向来不吝于表达家国情怀，但又始终怯于用文字公开表达夫妻间的亲昵。究其原因，无外乎"修齐治平"的正统思想作祟，儿女私情总会被认作胸无大志、不堪造就。但林觉民不是封建文人，他接受的是现代民主思想，是"生命诚可贵，爱情价更高；若为自由故，二者皆可抛"的人文精神，所以他勇于表达心中对妻子的深情，更勇于为了建设一个自由的社会而牺牲生命和爱情。

周国平在《直面苦难》中写了这样一段话："面对社会悲剧，理想、信念、正义感、崇高感支撑着我们，我们相信自己在精神上无比地优越于那迫害乃至毁灭我们的恶势力，因此我们可以含笑受难，慷慨赴死。我们是舞台上的英雄，哪怕眼前这个剧场里的观众全都浑浑噩噩，是非颠倒，我们仍有勇气把戏演下去，演给我们心目中绝对清醒公正的观众看，我们称这观众为历史、上帝或良心。"林觉民们正因为心中有着"理想、信念、正义感、崇高感"的支撑，才乐意于"含笑受难，慷慨赴死"。在此过程中，他们一方面不得不面对与挚爱之人的生离死别，另一方面又由此而生发出精神世界中的悲壮与崇高，并以此种认知进一步加深对自身行为的认同。

2. 不事营构、自由抒写的章法结构。

《与妻书》只是一封家书，其写作初衷并非基于"文章千古事"，而是为了抒发对妻子的挚爱，为了解释自身慷慨赴死的原因。

《与妻书》写于 1911 年 4 月 24 日（辛未年三月廿六日），即广州起义前三天。其时，林觉民等 800 位革命党人奉命组成"先锋"（敢死队），计划由香港潜入广州协同广州新军共同起兵。是夜，林觉民先与同室的两位战友畅聊革命理想，在两位战友入睡后念及革命必然会有流血牺牲，便取一方形白帕作纸，给父亲和妻子各写了一封绝笔信。第二天，林觉民将两封绝笔信托付给友人，以"我死，幸为转达"为嘱。

4 月 27 日下午 5 时 30 分，林觉民随黄兴率领的 130 余人准时起兵攻打两广总督衙门。约定同时行动的另外三路起义部队有两路按兵不动，另一路未能及时领到武器无法起兵。结果，130 余人孤军奋战，80 余人死难。

林觉民重伤被捕，5月3日被枪杀于广州天字码头。

　　特殊写作情境下的绝笔书，自然不会将主要精力放在结构设计和辞藻运用之上，而是以情感带动文字，情至而文随。《与妻书》中的情，串联始终的是"吾至爱汝"。文章多个段落反复强调这一情感，并以之作为抒写其他情感的基础。正因为如此，《与妻书》各段落的内容多有交叉，始终缠绕在对妻子的挚爱和对即将慷慨赴死的行为的解释之中，时而直抒胸臆，时而借事抒情，时而感发议论，慷慨处有金戈铁马奔驰，缠绵处若春日花下一对小儿女在私语。学习《与妻书》，不必采用赏读经典散文的方法，逐段推敲其起承转合中的各种精妙，而是要着眼于一根情感主线统辖下的自由表达，将作品当作抒写真情实感的书信样本。

教学设计

设计理念

　　《与妻书》的语言多为口语，虽有文言成分却不难理解。故学习该文本时无需将太多精力投放到词句字面意义的解释和翻译之上。

　　学习的重点在于作品中的情与理的冲突，更在于林觉民舍下难以割舍的夫妻深情而慷慨赴死的人生抉择。亦需关注书信体文章"不事营构、自由抒写"的结构特征与选材特征。此外，因本文与《谏逐客书》同属一个学习任务群，完成两个文本的赏析之后，还需要整合两个文本中的相关信息，将"群文阅读"落到实处。

　　两课时完成本篇课文的学习任务，再用一个课时完成《谏逐客书》《与妻书》的群文阅读。

一、教学目标

● 基础目标：

1. 以《与妻书》为样本，了解书信体文章"不事营构、自由抒写"的结构特征与选材特征。

2. 将作品置入特定的时代大潮之中，感知作者写作时的复杂心理和崇高的思想境界。

● 核心目标：

3. 以"夫妻深情"与"家国使命"为并行的两条线索，拉动全文内容的梳理与理解。

● 拓展目标：

4. 以"书"为抓手，整合《谏逐客书》《与妻书》相关信息，了解不同类型的书信体文章的写作技法。

四项目标中，目标 1、3 为教学重点，目标 3 为教学难点。

二、教学流程

第一课时

（一）创设情境，明确任务

1. 写作之道，不仅要心中有情，而且要心中有读者。心中预设的读者不同，选材组材和传情达意便都不同。请同学们判断一下，下面几句话预设的读者是谁："匈奴未灭，何以家为"（霍去病），"人生自古谁无死，留取丹心照汗青"（文天祥），"金瓯已缺总须补，为国牺牲敢惜身"（秋瑾），"砍头不要紧，只要主义真"（夏明翰）。

【提示】可以有两种理解：一是写给自己，自我激励；二是写给社会，激励他人。

2.《与妻书》预设的读者是谁？林觉民为什么不写一篇《告国民书》，向世人传递革命理想，激励更多的人投身革命事业，却只给妻子写这一封寻常家信？这封信能对他人和自我形成激励吗？

【提示】在新课伊始，需尽量创设陌生化的学习情境，打破学习者的常态化思维。针对这两个问题，可以组织课堂上的第一次对话，引导学生从课文中寻找证据。

3. 通过初读，你从《与妻书》中收获了哪些激励与感动？你读出了一个什么样的林觉民？

【提示】组织交流时，需尽量避免大而空的内容，应要求贴近文本归纳提炼。

4. 明确本课时学习任务。

（1）以"夫妻深情"与"家国使命"为线索，梳理并理解课文内容。

（2）以《与妻书》为样本，探究书信体文章"不事营构、自由抒写"的结构特征与选材特征。

（二）走进文本，完成任务一

活动一：推想比较，正常状态下即将离开人世的人留下遗书，通常可能写哪些内容？《与妻书》与之相比，存在哪些相同点，又有哪些不同之处？

【提示】该问题仅只是课堂活动的引子，不必过多纠缠于问题的答案。常态化的遗书，侧重于安排各种身后事，也可以表达对他人的各种情感，这两点在《与妻书》中也都有体现。《与妻书》的不同之处，在于呈现夫妻深情和革命大义间的矛盾，将小我的夫妻之情置于宏大的社会背景之下，强化越是深爱妻子便越是应该献身革命、为天下人谋永福的牺牲精神。也正因为有了这样的矛盾以及面对矛盾而作出的选择，《与妻书》才能够打动一代代读者，成为海峡两岸中学语文课本上的必读课文。

活动二：筛选信息，提炼《与妻书》表达夫妻情感的手法。要求先在课文中圈画相关句段，再归纳分析。

【提示】先把握情感主线"吾至爱汝"，再围绕该线索依照不同的表达方式概括相关内容。开展活动时需抓三个方面的内容：一是几个直抒胸臆的抒情句，在文章中奠定情感基调；二是 3、4 两段中的几个细节描写；三是后几段中的说理。其中第 4 段的几个细节可组织赏析品鉴。

活动三：筛选信息，品读《与妻书》中的家国使命，探究"家国使命"与"夫妻深情"间的逻辑关系。

【提示】《与妻书》始终将两种情感交织在一起，很难剥离出专门表达家国使命的语段。相对而言，第 2、第 5 两段此类信息较为集中，主要是直接揭露社会的黑暗与罪恶，间接表达为了推翻这罪恶社会而甘愿牺牲的精神。

活动四：合作探究，《与妻书》以大半篇幅写夫妻情感，是否削弱了林觉民的英雄形象？为什么其他的绝笔书信都不采用此种写法？

【提示】该活动既是对本课时第一环节的呼应，也是为了将《与妻书》纳入中华文化的宏大背景进行解读。漫长封建社会中，男女之情几乎从未进入承载家国大业的文章之中，只能流行于民间文学。只有到了林觉民所生活的时代，现代民主意识开始觉醒，爱的呼唤与表达成为一种人性的正常体现，人们才开始用文章表达男女之爱。

时间允许时，可将《江城子·乙卯正月二十日夜记梦》《项脊轩志》引入课堂进行比较阅读。

（三）合作探究，完成任务二

活动五：以《与妻书》为样本，探究家信写作"不事营构、自由抒写"的结构特征与选材特征。

【提示】如果学生的理解能力有一定的欠缺，则需将该活动分解为若干个问题，形成一个由浅入深的"问题串"，才能逐步梳理清楚"不事营构、自由抒写"的结构特征与选材特征。可以先从写家信要不要采取一种写作套路开始讨论，然后探究写家信中最重要的因素有哪些，再探究家信写作应该主要使用什么样的表达方式。只要铺垫恰当，看似虚空的任务就不难解决。

（四）细节品鉴，研读重点词句

活动六：赏读文中的重点句，解析其含义。

【提示】根据课堂教学用时灵活处理，可课内完成，也可放在课外作为巩固复习的作业。具体语句和参考示例见"文本解读"第二部分。

第二课时

（一）走进生活，学以致用

林觉民在给妻子写绝笔信的那夜，也给父亲写了一封绝笔信。广州起义失败后，有人在夜间偷偷将这两封信从林家门缝中塞入，两封信才得以保存并传承。林觉民在给父亲的信中会谈些什么样的内容？请借鉴《与妻书》的内容和言说方式，为林觉民代笔"复制"这封绝笔信。

活动一：再读《与妻书》，用波浪线画出文中可以写进给父亲的绝命书的词句。

活动二：对《与妻书》中表达夫妻情的内容进行替换，揣摩人物在特定写作背景下的特定心境进行仿写。

【提示】两项活动分步骤开展，其中第一步看似简单，实则有一定难度，既要注意词句中的细腻情感，还要注意人物间的不同关系。第二步难度较大，缺乏必要的素材支撑，可鼓励学生适度虚构情节。两项活动教学用时最少需要 20 分钟。

活动三：成果交流。

【提示】首先同座位互读，然后推荐优秀的文案两至三篇在全班交流，最后组织点评。教学用时 8 ～ 10 分钟。

（二）走进文化，激活思考

活动四：展示林觉民写给父亲的绝笔信，合作探究其中的隐语意义。

不孝儿觉民叩禀父亲大人：儿死矣，惟累大人吃苦，弟妹缺衣食耳，然大有补于全国同胞也，大罪乞恕之。

1. 内容如此简短，有哪几种可能？

2. 中华文化一直倡导忠孝仁义，铁血男儿也往往在忠孝两难中彰显其血性与担当。林觉民为什么不在"忠孝"冲突上做文章，反而浓墨重彩地抒写儿女情长？

【提示】第一问用以激活思维，无法形成固定的答案；第二问有难度，更有深度，必须建立在晚清时期革命党人对封建纲常伦理的批判和对民主自由生活的追求这一文化背景之下展开探究。

（三）走进作者，丰富认知

林觉民，字意洞，号抖飞，又号天外生，福建侯官（今福州市）人。幼年被过继给叔父。少时厌恶科举，遵父命应考童生，竟在试卷上写下"少年不望万户侯"，第一个交卷了事。1907年留学日本，进庆应大学文科攻读哲学，并学英文、德语，撰写《驳康有为物质救国论》及翻译《六国宪法论》、英国小说《莫那国犯人》。不久参加同盟会。1911年初得黄兴、赵声自香港来信，归国约集福建的同志响应孙中山、黄兴组织的广州起义。4月27日，随敢死队领先袭击两广总督衙门，负伤被捕，后从容就义，年仅24岁。据说，两广总督张鸣岐曾这样评价他："惜哉，林觉民！面貌如玉，肝肠如铁，心地光明如雪，真算得奇男子。"

其妻陈芳佩，字意映，出自书香门第，能诗善文，贤惠聪颖。两人1905年奉父母之命媒妁之言而成婚，虽是典型的旧式婚姻，却也琴瑟和谐，恩爱有加。1906年便得一子伯新。在林觉民的影响下，陈芳佩松开小脚，投考福建女子师范学堂，成为该校第一届毕业生。由于夫妻感情甚浓，林觉民曾有感而发，写下一篇名为《原爱》的文章，专论男女爱情的

道理，字句发出肺腑，甚为感人。^①

【提示】"走进作者"与"简介作者"的差别在于前者侧重于呈现相关的创作背景，为更好地理解文本内容服务。凡不能服务于文本理解的记忆性内容，均可剔除。此处展示的两段文字，前一段中隐藏了林觉民的叛逆性格，间接回答了上一个学习环节的父子情感问题。后一段概述了夫妻情感，有助于理解课文中的"吾至爱汝"。

（四）走进心灵，感悟崇高

活动五：在辛亥革命110周年暨林觉民烈士牺牲110周年之际，以当代高中生的身份，给林觉民写一封信，谈一谈你阅读《与妻书》的思考与感悟。

【提示】前两个学习环节用时较多，该项活动只能用课余时间完成。注意强调书信体，尽量落实紧扣情感主线前提下的"不事营构、自由抒写"的结构特征。

第三课时

（一）创设情境，明确任务

1. 同样是"书"，《与妻书》以情统辖、不事营构、自由抒写，《谏逐客书》缘事析理、环环相扣、字斟句酌。此"书"与彼"书"，为什么会存在这么多的差异？这节课我们就整合前四个课时的学习内容，重点探究这一问题。

2. 明确本课时学习任务。

（1）提炼信息，填写图表，辨析不同类型书信体文章的写作要求。

---

① 根据网文《人间"至文"〈与妻书〉——林觉民与陈意映》整理而成，网址：https://www.mingrenzhuan.com/mingrengushi/2311.html。

（2）从写作目的、言说方式和效能分析三个角度，探究书信体写作中的叙事、抒情、说理技巧。

（二）整合提炼，完成任务一

活动一：自主归纳，完成下表内容。

内 容	《谏逐客书》	《与妻书》
人物关系		
写作目的		
核心观点		
主要情感		
言说方式		
语言运用		

【提示】表格中的六个项目，联系在一起便构成书信体文章写作的完整构思过程。写作实用类的书信，首先需正确界定读信人的身份，依据其身份而设定想要达成的目标，然后围绕目标形成核心观点，传递符合读信人认知需要的情感与思想。完成此种宏观构思之后，才需要推敲采用何种言说方式，运用什么样的语体精准表达。

【参考示例】

内 容	《谏逐客书》	《与妻书》
人物关系	客卿与君主；被驱逐者与下令驱逐者；现实利益被损害者与长久利益被损害者……	夫与妻；相互挚爱者；将逝者与苟活者……
写作目的	1. 劝谏秦王收回逐客令； 2. 为自身争取达成理想的平台； 3. 为秦国的强大指明方向。	1. 表达对妻子的深切之爱； 2. 解释慷慨赴死的原因； 3. 交代相关后事。

内　容	《谏逐客书》	《与妻书》
核心观点	"疏士而不用，是使国无富利之实而秦无强大之名也""此非所以跨海内、制诸侯之术也"。	"吾至爱汝，即此爱汝一念，使吾勇于就死也""为天下人谋永福"。
主要情感	忠诚，恳切；为对方利益着想。	深挚的夫妻之情，必须赴死的慷慨之情，深切的担忧之情，对未来的憧憬之情。
言说方式	晓之以理，喻之以事；抓住对方最感兴趣的内容铺陈阐释。	以情统辖，情之所至，笔便相随；不事营构，自由抒写。
语言运用	整散结合，铺陈排比，注意营造言说的气势，用文字感染秦王。	口语化表达，情真意切，不事藻饰。

活动二：依托上表内容，结合"学习提示"，归纳两类书信体写作的特征。

【提示】该项活动的目的在于将来自具体文本的相关信息提炼为共性化的特征，用以指导不同类型的实用类书信文的写作。可在"学习提示"的基础上加工答案。

（三）拓展迁移，完成任务二

活动三：从写作目的、言说方式和效能分析三个角度，结合以往所学的相关文章，探究书信体写作中的叙事、抒情、说理技巧。

【提示】该活动是上两个活动的延伸与拓展，既可用此项活动强化对所学的两篇课文的复习与归纳，又可进一步提炼书信体写作的相关技法。

【参考示例】不同的写作目的，需要不同的言说方式。寻常家信或朋友间的书信多为了传递情感、汇报工作或学习状况，故多叙事，少些抒情和说理；给师长们写信多为了感谢培育提携之恩，需在叙事时强化其影响力，借事抒情；给意见不合者写信，多为了化解矛盾，申述主张，需以分析阐释为主，辅之以适度的叙事，如《答司马谏议书》；给权力机构写信，为了反映问题，或者申诉立场，前者以叙事说明为主，后者以议论分析为主……

活动四：以 2020 年高考全国 III 卷作文为例，运用本课时所学，探究其写法。

1. PPT 呈现高考作文题目。

人们用眼睛看他人、看世界，却无法直接看到完整的自己。所以，在人生的旅程中，我们需要寻找各种"镜子"、不断绘制"自画像"来审视自我，尝试回答"我是怎样的人""我想过怎样的生活""我能做些什么""如何生活得更有意义"等重要的问题。

毕业前，学校请你给即将入学的高一新生写一封信，主题是"如何为自己画好像"，与他们分享自己的感悟与思考。

2. 自主思考，然后交流发言。

【提示】写作该类书信体作文，需注意如下七个要素：自身身份定位、读信者身份定位、写信目的、核心观点、情感定位、言说方式、预期效能。

自身身份是高三毕业生，读信者身份是高一新生，两者间构成学长和学弟学妹的关系，不能以师长身份说事。

写信的目的是"与他们分享自己的感悟与思考"，谈自身对"如何为自己画好像"的理解，不是将一堆的学习方法灌输给对方。

核心观点应该指向寻找各种"镜子"、不断绘制"自画像"来审视自我，尝试回答"我是怎样的人""我想过怎样的生活""我能做些什么""如何生活得更有意义"等重要的问题。不能将"寻找镜子"这一根本丢了。

情感定位应该指向真诚传递、真实表达和真心期待。

言说方式需避免说教，多用亲身体验现身说法，表达方式上可叙议结合，辅之以适度的抒情鼓动。

预期效能需采用换位思考，设想自己如果是高一新生，希望读什么样的书信。如果自己不喜欢读，则写出来的书信便难以得到读者的认同。

（四）学以致用，强化技能

活动五：校园生活无限丰富，有乐音也有噪音。请针对你在学校生活中发现的某一问题，给校长写一封信，表达你的思考与想法。

【提示】该活动类似于李斯写《谏逐客书》，可参照奏疏的相关特征谋篇布局。写作此文，不能"不事营构，自由表达"，不能以情御文，而是要立足于摆事实、说道理，既分析存在问题的危害性，又提出解决问题的合理化建议。在语言运用上，需力戒批评教育的口吻，不妨学习李斯的表达，将自己剥离出去，从学校健康发展的角度逐层分析。

需注意，该活动虽在课余时间完成，但讲评需及时，最好是第二天进行。如果过了一个星期再进行作文点评，便起不到以写促学、以学领写、学写结合的目的。

第18讲 笔下荒唐事，人间暗黑史

——《促织》创意解读与教学设计

课程定位

　　《促织》隶属于统编版高一语文必修下册第六单元第14课，该课选用的另一篇作品是奥地利小说家卡夫卡的代表作《变形记》（节选）。两篇作品在教材中共占用了15个页码，其中《变形记》（节选）为11个页码。

　　要将两篇不同国度、不同时代、不同文化背景下的长文整合为一个学习任务群，用两三个课时完成相应的学习任务，则所有的学习活动都只能是浅阅读状态下的"蜻蜓点水"，无法真正理解文本的创作意旨，更难以理解卡夫卡藏匿在《变形记》背后的西方现代主义文学融魔幻和现实为一体的独特艺术风格。因此，教学时应采用先分后总的方法，先大致读懂两篇文章，再开展群文阅读活动。

　　《促织》的学习任务，指向"言""文"两大内容。综合"单元导语"和课后"学习提示"，可预设为：1.疏通文义，扫清阅读障碍，提炼要点信息，了解文言小说的相关特点；2.赏读重点句段，品味小说在形象塑造、情节设计、主题呈现等方面的独特魅力；3.感知小说的社会批判性，在不同学习内容的对比中培养观察思考、分析鉴别能力。另外，鉴于当今学生生命意识淡泊，可结合相关情节适度进行珍爱生命的教育。

文本解读

一、提炼要点，整体感知

《促织》共九个自然段，其中第 1 段为故事的背景或序幕，第 9 段为作者评价。核心情节为第 2—8 段。

依照小说情节的传统分析法，《促织》的第 2 段为故事的开端，概述成名的性格与遭遇，引出"逼交促织"这一核心事件；第 3—4 段为故事的发展，围绕促织展开情节，先写占卜求促织，后写按图索促织；第 5—7 段为故事的高潮，先写成子失手毙促织，再写成子自杀变促织，最后借助两次"战斗""绘"促织；第 8 段为故事的结局，写成名献促织并因促织而获得财富。七段文字中，第 2 段"抑"，第 3、4 段"扬"，第 5 段"抑"。第 6 段前部分再"抑"，将人物命运打入最底层，后部分转而为"扬"，呈现出一线希望。第 7 段主体为"扬"，但细节上又采用了欲扬先抑的手法，后部分的"一鸡瞥来"更是陡起波澜，将情节冲突推至最高峰。第 8 段主体继续为"扬"，细节上依旧采用先抑后扬手法。

赏读《促织》时，不可忽视了第 1 和第 9 两段文字，尤其是第 1 段。作者创作《促织》的目的，绝非为了讲述一个离奇故事，而是为了抨击病态的社会制度。在第 1 段中，作者只用了"尚""征""媚""责"四个动词，就活画出一幅皇帝荒淫、官吏媚上欺下、底层民不聊生的灰暗图景。此种图景在第 9 段又被作者归纳为"天子偶用一物，未必不过此已忘；而奉行者即为定例。加以官贪吏虐，民日贴妇卖儿，更无休止。故天子一跬步，皆关民命，不可忽也"的理性认知。至于第 2—8 段跌宕起伏的故事，不过是病态化社会的一个典型例证。

二、突破难点，研磨细节

（一）难句释义

宫中尚促织之戏，岁征民间。

尚，崇尚，喜好。"尚"具有群体性价值认同的语境意义，有此一字，便可想象整个皇宫乃至整个朝廷，上自皇帝下到宫女、太监"热火朝天"斗蟋蟀的情景。宫中不产蟋蟀，蟋蟀的需求量又很大，便只能从民间征收。只不过，皇帝喜欢斗蟋蟀或许只是一时兴起，玩几天便丧失了兴趣，毕竟皇帝只要不思朝政，可玩的游戏实在太多了。但负责征收蟋蟀的人并不清楚皇帝哪一天又会重新萌发斗蟋蟀的热情，只能将从民间征收蟋蟀作为一个固定项目，每年都定时征收至宫中，再由专门的人伺候着，随时听候皇帝的调遣。《促织》结尾处的"天子偶用一物，未必不过此已忘；而奉行者即为定例"，便是呼应开头的这句话。

有华阴令欲媚上官，以一头进，试使斗而才，因责常供。令以责之里正。

媚，巴结，讨好。此句表面上写华阴令这一个"点"，实际上是写若干个"点"组合成的闭合的"环"。华阴令为何"以一头进"便可"媚上官"？因为"上官"也需要"媚上官"，每一位下级官员都需要借助进献善斗的蟋蟀而讨好上级官员，能够提供优质蟋蟀便是为官的最大政绩，如此便搭建起一个由下而上的"奉承链"，一直通到最高统治者皇帝。回过头来，皇帝又因这一头蟋蟀有善斗之"才"，便责令陕西承宣布政使司（相当于现在的陕西省）"常供"，陕西承宣布政使司再责令西安府"常供"，西安府责令华阴县"常供"，华阴县责令各乡各里"常供"。华阴不产蟋蟀，里胥们自然就交不上蟋蟀，只能继续"责任下移"，从最底层的百姓身上搜刮钱财买一头蟋蟀交差。而乡村间的游手好闲之徒又趁机抬高优质蟋蟀的售价，致使每购买一头蟋蟀便耗尽许多人家的全部资财。

邑有成名者，操童子业，久不售。为人迂讷，遂为猾胥报充里正役，百计营谋不能脱。

操童子业，从事童生的学业，即读书却没有考取任何功名。久不售，很久都没有卖出，句中特指考了若干年也没有考取秀才。古人有"学成文武艺，货与帝王家"之说，"货""售"皆为"卖出"之意。不言"久不中"而言"久不售"，读书便不再是提升能力、增长才干的行为，而是成为一桩买卖。既然是买卖，卖方是否货真价实便不再成为能否卖出好价钱的唯一标准，更多时候还要看买家的喜好。蒲松龄以一个"售"写尽了天下穷书生的悲伤与无奈，这庞大的"久不售"的队伍中就包含了蒲松龄自己。

当然，一介书生参加了若干次县试、府试，却始终连个秀才也考不取，又始终不愿意放弃，仅此一点亦可见其为人缺乏相应的才干且较为迂腐。这样的人，正好可以充当两头受气的倒霉蛋，自然也就被"顺利提拔"做了里正（村长），专门负责收蟋蟀、收税、摊派各种徭役等麻烦事。成名自知不是这块料，却"百计营谋不得脱"。成名的"百计营谋"或许也仅只是哀求或送点薄礼，绝不会有任何下三滥的招数。

该句中，读书人的身份、迂讷的性格是故事得以形成和推进的出发点，如果成名是一位善于媚上欺下之徒，则其必然会效仿"猾黠"的里胥，"假此科敛丁口"。

大喜，笼归，举家庆贺，虽连城拱璧不啻也。上于盆而养之，蟹白栗黄，备极护爱，留待限期，以塞官责。

不啻，比不上。对于成名一家而言，一头"状极俊健"的蟋蟀便是一家人的性命，其价值自然远远超过"连城拱璧"。上，并非确指的动作，而是渲染一种极为恭敬的态度。"上于盆而养之"，事实只是将蟋蟀放到瓦罐中喂养，但因为有了"上"的态度与行为，"养"也就有了"供奉"的味道。成名一家不是在饲养一头蟋蟀，而是在供奉一尊庇佑全家的神。

句中的"蟹白栗黄"属于借代，代指各种珍奇的食物。这些食物成名一家舍不得品尝，却心甘情愿地"供奉"给这头蟋蟀，这当然可称之为"备极护爱"。有意思的是，第一段中的华阴令"欲媚上官，以一头进"，成名捕捉到了上等的蟋蟀却只知"留待限期，以塞官责"，不懂得以此蟋蟀"媚上官"。由此"塞"与"媚"的对比，也可进一步了解成名的性格。

夫妻向隅，茅舍无烟，相对默然，不复聊赖。

奉若神灵的蟋蟀被儿子扑死，儿子因为恐惧而投井自杀。无法交差的恐惧和中年丧子的悲怆交织在一起，只能是"抢呼欲绝"。只是，短暂的情感宣泄之后，悲痛不但没有消逝，反而变得更加浓烈。成名夫妻由"呼天抢地"转为"向隅而泣"，进而"相对默然"，最终"不复聊赖"，情感的变化背后，隐藏的是生无可恋的精神麻木和彻底绝望。此时的成名夫妻，或许正如鲁迅先生笔下的祥林嫂，"只有那眼珠间或一轮，还可以表示她是一个活物"。

故事推进至此，成名一家已被置入十八层地狱的最底层，蒙受着万劫不复之灾。

夫妻心稍慰，但蟋蟀笼虚，顾之则气断声吞，亦不敢复究儿。自昏达曙，目不交睫。东曦既驾，僵卧长愁。

此段文字，为蒲松龄手稿内容。乾隆 31 年（1766 年）由赵起杲、鲍廷博编刻的青柯亭刻本将其修改为"夫妻心稍慰，但儿神气痴木，奄奄思睡。成顾蟋蟀笼虚，则气断声吞，亦不复以儿为念，自昏达曙，目不交睫。东曦既驾，僵卧长愁"①。

两个版本中的成名都因"蟋蟀笼虚"而"气断声吞"，但对投井自杀幸而未死的儿子的情感态度却截然不同。蒲松龄原稿表述为"亦不敢复究儿"，修改稿则表述为"亦不复以儿为念"。修改稿显然放大了蟋蟀在成名心中的位置，夸大了官府催交促织行为对成名构成的人性的扭曲。两相比较，蒲松龄原文中的描绘，更符合成名"迂讷"的个性；青柯亭刻本中的描绘则更深刻地批判了黑暗社会带来的人性的扭曲。

后岁余，成子精神复旧，自言身化促织，轻捷善斗，今始苏耳。抚军亦厚赉成。

此段文字，采用的是青柯亭刻本修改过的内容。蒲松龄手稿中只一句话："由此以善养虫名，屡得抚军殊宠。"② 蒲松龄笔下的成名，仅仅因为进献了一头蟋蟀便被认作"善养虫"，并由此而"屡得殊宠"，也就难怪华阴令要进献蟋蟀而"媚上官"。青柯亭刻本中添加的内容，增加了"精神复旧"，与第6段中增加的"但儿神气痴木，奄奄思睡"形成了前后呼应。从情节设计看，两处增补也和"自言身化促织，轻捷善斗"形成意义互释。

需要注意的是，课文第6、8两段选用了两种不同版本，这便形成了情节设计上的不周延。课文第6段只有"半夜复苏"，并无"神气痴木，奄奄思睡"，自然也就不存在"精神复旧""今始苏耳"。教材审编者显然没有注意到这一细节上的自相矛盾。

此外，"抚军亦厚赉成"较之以"屡得抚军殊宠"也存在着意义上的较大差别。前者强调赏赐的丰厚，但似乎仅为一次；后者不但有物质的赏赐，还有其他方面的赏赐与提携，并且次数还很多。抚军为何屡次给予成名"殊宠"？理由只有一个，就是抚军因为成名的这头蟋蟀，在皇帝那儿同样"屡得殊宠"。相比于抚军赏赐给成名的，抚军从皇帝处获得的"名

---

① 马瑞芳. 课本中《促织》的版本谬误 [J]. 现代语文（教学研究版），2002（11）：23.
② 同上。

马衣缎"等赏赐又不知要多了多少倍。

（二）难点辨析

1.《促织》的现实与浪漫。

《促织》的主要情节均为超越现实苦痛的浪漫铺陈。依靠占卜而捕获第一头蟋蟀是浪漫的虚构，绝境中捕获第二头蟋蟀是浪漫的虚构，最终因为一头蟋蟀而得到各种赏赐，"不数年"便"田百顷，楼阁万椽，牛羊蹄躈各千计；一出门，裘马过世家"更是近乎天方夜谭的浪漫虚构。苦尽甘来的成名，只能生活在蒲松龄用善意虚拟的浪漫情节之中，绝不会出现在充满了各种荒诞的现实社会。

蒲松龄笔下的浪漫，是对残酷现实的粉饰吗？蒲松龄其实挺矛盾的，既想借助一个荒诞故事来抨击比故事更加荒诞的现实，又想透过无边无际的黑暗，用"天将以酬长厚者"的虚幻给读者营造出一线光明和些微希望。

《促织》对现实的揭露主要体现为第1、2两段。这两段展示给读者的，是朝廷荒淫、官员自私、里胥猾黠、二流子横行的恶劣生存环境。在这样的环境中，善良的百姓因为上司索要一头蟋蟀便倾家荡产，有良知的底层小吏因为不愿欺下媚上亦是倾家荡产。各级官府为了自身利益滥使淫威，忠厚善良者只能"忧闷欲死""惟思自尽"。这两个段落，没有一丝一毫的浪漫气息，只有"非人间的浓黑的悲凉"。

最能体现其浪漫的，不是成子变身为蟋蟀，也不是成名因为蟋蟀而得到丰厚的赏赐，而是第8段中无限和谐美好的人际关系。皇帝"大嘉悦"，便"诏赐抚臣名马衣缎"；"抚军不忘所自"，便想方设法提携华阴县令，使其"以卓异闻"；县令收获了好名声，便不但免除了成名家的徭役，还把成名录取为秀才；抚军也没有忘记成名，赠予成名丰厚的物品。此种人人皆懂得"知恩图报"的和谐景象，与第2段中呈现出的凶神恶煞的形象实在是天壤之别，偏偏却又发生在相同的人身上。

这样的美好能成为现实吗？当然不能。《促织》中所有的浪漫，实质上不过是蒲松龄故意编织的黑色幽默。

2.《促织》的终极写作目的。

不同的读者或许会从《促织》中读出不同的批判对象，比如为了一己私欲而给百姓带来灭顶之灾的华阴县令、横行乡里鱼肉弱小的里胥、将进献促织变为"定例"的"奉行者"……但这些都不是蒲松龄心目中最关注的人。蒲松龄写《促织》，究其终极写作目的而言，一如魏征写《谏太宗十思疏》，完全是为了讽谏最高统治者。《促织》中最有价值的一句话是"天子一跬步，皆关人命，不可忽也"，成名一家因为蟋蟀而或悲或喜的遭遇，不过是这句话的一个论据素材。

《促织》第9段中，蒲松龄以史家笔法点评自己虚构的这个故事时，先言"天子偶用一物，未必不过此已忘；而奉行者即为定例"。从表面上看，这句话是在批判"奉行者"，同时为天子开脱。但若仔细分析，却会发现这句话另有隐语。奉行者为何"即为定例"？因为奉行者并不知道天子哪一天心血来潮又会重新拾起这"偶用"的"物"，便只能时刻准备着。该句的"偶用一物"，事实上构成"天子一跬步"的详细注释。

教学设计

设计理念

《促织》属于初读一望无际、细品无限风光的文言佳作。如果教师不能沉浸到文本细读之中，不能在看似熟悉的内容上设计出陌生化的学习情境，则极有可能只将该文本当作教学古汉语知识的一个样本或用件。基于这样的理解，本设计侧重于在无疑处生疑，借助于精心预设的问题带动对全篇课文的理解。预计教学用时为三课时，前两个课时立足整体感知，疏通词句，把握故事起承转合中的各种精妙；后一课时借助不同版本的比对和文本中现实与浪漫的纠葛，深度品读作品的社会批判性。

一、教学目标

● 基础目标：

1. 疏通文义，扫清阅读障碍，提炼要点信息，了解文言小说的相关特点。

2. 赏读重点句段，品味小说在形象塑造、情节设计、主题呈现等方面的独特魅力。

● 核心目标：

3. 感知小说的社会批判性，在不同学习内容的对比中培养观察思考、分析鉴别能力。

● 拓展目标：

4. 鉴于当今学生生命意识淡泊，可结合相关情节适度进行珍爱生命的教育。

四项目标中，目标 2、3 为教学重点，目标 3 为教学难点。

二、教学流程

第一、二课时

（一）创设情境，明确任务

1. 播放电视连续剧《聊斋》主题歌："你也说聊斋／我也说聊斋／喜怒哀乐一起／都到那心头来／鬼也不是那鬼／怪也不是那怪／牛鬼蛇神它倒比／正人君子更可爱／笑中也有泪／乐中也有哀／几分庄严／几分诙谐／几分玩笑／几分那个感慨／此中滋味／谁能解得开……"

思考：从歌词中可以捕捉到《聊斋志异》的哪些特点？

【提示】内容上，以牛鬼蛇神为主要形象；情感上，喜怒哀乐交织；表达上，融庄严、诙谐、玩笑于一体；审美体验上，笑中有泪，乐中有哀。

2.《促织》选自《聊斋志异》，但主人公却是现实生活中真实的人，这是否有违"志异"的特征？另外，《促织》在情感、表达和审美体验上是否也和《聊斋志异》的整体风格存在差异？下面，咱们就带着这些问题开始今天的学习。

【提示】新课程、新课改强调情境化阅读。借助主题曲和上述两个问题，可以在学习之初创设出有效的思考情境，为自主学习和合作探究提供学习目标与学习范围。

3.明确第一、二课时学习任务。

（1）诵读文本，疏通文义，提炼要点信息，探究情节冲突中的转折技巧。

（2）赏读重点句段，发现言外之意，把握作者隐藏在情节之外的深层内涵。

（二）走进文本，完成任务一

活动一：借助课下注释，疏通文义，辨析各段的重点词句，填写下表。

段　　落	重点实词及释义	重点虚词及用法	重点句子理解
1			
2			
3			
4			
5			
6			
7			
8			
9			

【提示】表格中的内容，以教材未加注释但又不太容易理解的词句为主。先自主填写，再合作探究。预计教学用时为 25 分钟。

【参考示例】

段 落	重点实词及释义	重点虚词及用法	重点句子理解
1	岁：每年，名作状；媚：巴结、讨好；笼：名作状，用笼子。	以：介词，把、将。	令以（之）责之（于）里正；假此科敛（于）丁口，省略句，状语后置句。
2	终：结束、完；会：适逢、正赶上；敛户口：（于）户口敛，按户口摊派；裨益：同义复合词，裨，益也；冀，希望。	何：什么；并：连；万一之得：之，结构助词，的。	"成不敢敛户口"—"成不愿敛户口"；冀有万一之得；"忧闷欲死"—"惟思自尽"。
3	道：说，句中为"写"；前人：前面的人；中：符合，切中。	焉：兼词，于此。	"隐中胸怀"：暗合自己的心事。
4	所：地点，处所；诣：去，到；蔚起：蔚，盛大，起，隆起；俨然类：同义复合，像。	遽：匆忙、立刻；虽：即使；以：连词，用来。	"循陵而走"—"侧听徐行，似寻针芥"：着一"走"，写出急迫心情，"徐"写出寻找蟋蟀时的缓慢谨慎；"而心目耳力俱穷，绝无踪响"：极言搜寻之苦之失望，由"类画"之充满希望，到"绝无踪响"之失望，再到下文蟋蟀突然跃去，形成波澜；备极护爱：护爱备极，呵护珍爱得完备到极致。
5	窃：偷偷地、暗暗地。	就毙：就，被、受，就毙，被弄死。相近词汇有：就擒、就歼。	"窥父不在"：以"窥"写出童心，动作神态活现。

段 落	重点实词及释义	重点虚词及用法	重点句子理解
6	渺然：渺茫，不见踪影；急趁之：亦作"急趋之"，趁，追逐；折：转；迷其所往：迷失了它的去向；以其小，劣之：以，因为，劣，意动用法，"以……为劣"；不当意：不能和县令的心意相称，当，相称。	未几：一会儿，不多时；但：只。	"茅舍无烟"：以客观陈述景象抒写人物内心的感受，语言有张力；"日将暮，取儿藁葬"：时间快，方式简陋，既说明家境贫寒，也隐约有怨愤之情；"亦不敢复究儿"：不敢，非不想，心中依旧存有怨愤和悲伤，却不敢表达出来，更见其悲。
7	好事者：喜欢惹事的人；日：名作状，每天；居之为利：留着它用它谋求暴利，为，动词，谋求；高：形作动，抬高；健进：快步追赶，健，在某一方面显示的程度超过一般；临：靠近；力：用力。	莫知所救：莫，不；所，……的（方法）。	"少年好事者"：定语后置句；"欲居之以为利，而高其直，亦无售者"：呼应第一段。"径造庐访成"：并不知成名有蟋蟀，目的为了把蟋蟀卖给成名；"少年固强之"：依旧为了卖蟋蟀，其无赖特征毕现。
8	进宰：进于县宰，进献给县令；异：形作名，奇特的本领；靡：倒下，引申为失败；进上：进于上，进献给皇帝；异状：本指与众不同的形态，句中指各种稀有品种的蟋蟀；无出其右：成语，没有超过它的，出，超过。右，上，古代以右为尊。	诸：兼词，之于；举：全。	"无何，宰以卓异闻"：卓异，政绩出众，高人一等。宰做了啥事？献了一头善斗的蟋蟀，这就是最杰出的政绩。该句讽刺意味强劲。同理，后面成名得到的一切，也都是因为一头蟋蟀，看似喜剧的结尾，更见悲剧色彩。

段 落	重点实词及释义	重点虚词及用法	重点句子理解
9	偶用：偶尔使用；奉行者：奉命操办的人；定例：不变的惯例。	岂意：哪里想到；并：一并，共同。	"天将以酬长厚者"：成名的"长厚"具体体现在何处？"天"为何"酬"又如何"酬"？"一人飞升，仙及鸡犬"：人是谁，鸡犬又是谁？

活动二：以促织为线索，梳理并概括小说主要内容。

【提示】朝廷尚促织，官府征促织（第 1 段，背景）；成名无处觅促织（第 2 段，开端）；成妻占卜求促织（第 3 段）；成名按图得促织（第 4 段）；成子失手毙促织（第 5 段）；成子化身成促织（第 6 段）；促织"战场"显神威（第 7 段）；促织赢得丰厚奖（第 8 段）；促织背后有深意（第 9 段）。进一步压缩，可归纳为：征促织—觅促织—卜促织—得促织—失促织—化促织—斗促织—献促织—议促织。

活动三:《促织》既有主要情节的多次转折，也有细节设计中的多次转折。依照故事的发展顺序，以数轴图画出这些转折。

【提示】在数轴上用线条的起伏来呈现成名命运的沉浮，更具直观性，也有利于检测学生对故事中矛盾冲突的理解程度。在学生完成数轴后，需引导学生探究其命运主要存在于哪一个象限之中，需让学生知晓，就算是结尾处的无限奢华，本质上依旧是悲剧，是负值。

（以上内容为第一课时。）

（三）合作探究，完成任务二

活动四：合作探究，赏读重点句段。

1. 小说九个自然段中，如果必须删除一个，你愿意删除哪个段落？

【提示】主体的 2—8 段环环相扣，删除任意一段，情节便连不起来，故只能在第 1 和第 9 两段中选择。第 1 段属于宏观背景，是故事存在的根基，也不能删。第 9 段属于评价点题，揭示写作主旨，没有它，很多读者可能就读不出作品的真正价值。

该问题的价值，在于引导学生探究各自然段在全文中承载的任务。

2. 如果将《促织》拍成电影，则第 1 段的作用便是开始处的背景介绍，即电影的"画外音"。请调动大脑中的知识储备，将第 1 段改写为电影《促织》的画外音。

【提示】为数众多的武侠电影，都喜欢在开始处介绍社会背景，而且很多作品也是用明朝作为故事发生的时代，比如经典武侠片《新龙门客栈》。可提醒学生仿照其画外音完成本次任务。该活动一是指导学生了解"画外音"这一表现形式，二是完成第 1 段的翻译和内容提炼整合。

【参考示例】大明宣德年间，皇宫之中流行斗蟋蟀的游戏。为了源源不断地获取善斗的蟋蟀，朝廷每年都向各地按时征收。我们这个故事的所在地陕西并不出产优质蟋蟀，但华阴县令为了讨好上司和朝廷，不惜重金买来一头进献。结果这头蟋蟀能征善战，深得皇帝欢心。于是，皇帝下诏责令陕西年年进贡。任务层层下达，这进献蟋蟀的倒霉事最终落到了里正成名的头上。故事就从成名被强行"推选"为里正开始。

3. 成名的身份为何被定位为"久不售"的书生？此种身份具有哪些独特性，与情节发展有何关联？

【提示】"久不售"中既隐含了迂腐、无能、窝囊等内容，也点出其社会地位的低下。另一方面，这类书生长期接受礼义廉耻等传统思想的教育，骨子里始终拥有一份善良与忠厚。正因为此种独特个性，成名才"不敢敛户口"，耗尽自家薄产填补征收蟋蟀的窟窿。此后数段中呈现出的"天将以酬长厚者"的具体情节，也都和这身份有关。

4. "宰严限追比，旬余，杖至百，两股间脓血流离"有无言外之意？请分析。

【提示】于县令而言，急于完成自身任务，根本不顾他人死活。县令之外，或许还有上面多个级别的官员层层施压。"严限追比"的主体表面上只有一个县令，其实包含了府尹、总督以及京城中的众多"奉行者"，甚至包括皇帝。

5.如何理解"驼背巫"这一形象？为何恰巧在成名走投无路、惟思自尽之时，驼背巫及时来到？

【提示】该形象固然是为了情节发展需要而设定，但若结合第9段"天将以酬长厚者"，则未尝不可理解为这是"天"用来"酬长厚者"的具体行动。"天"不绝"长厚者"，才会每至绝境便出现转机。从情节发展而言，当求神占卜者焚香祭拜时，"巫从旁望空代祝，唇吻翕辟，不知何词"，显然是在和"天"对话，代"天"传达各种信息，故而才会"即道人意中事，无毫发爽"。《西游记》中，每当唐僧师徒无计可施时，各路菩萨也会化身为某一独特的形象，适时点拨唐僧和悟空。

6.第4段中，自"循陵而走"至"逐而得之"，作者准确使用了多个动词，请鉴赏之。

【提示】"走"：成名发现寺后的景象和驼背巫占卜得来的图纸相同，心中既惊讶又欢喜，忘却了双腿的疼痛，急忙跑向图纸中标注有蟋蟀的乱石丛。"侧听徐行"：到达图纸中标注有蟋蟀的地方，唯恐惊跑了蟋蟀，便屏气凝神，小心翼翼地探步向前，全神贯注地留意着身边的一切。"寻针芥"：针芥极为细小，不将头低到接近地面便难以发现，且不能放过一丁点儿的地方。"心目耳力俱穷"：因注意力高度集中，动作又极缓慢，致使心目耳力都高度紧张，各种感官都使用到了极致。"急逐趁之"：突然间爆发出力量，快速追赶，动若脱兔。极为敏捷的动作背后，是内心的高度紧张。"蹑迹披求"：回归小心翼翼，动作极为缓慢，揣着十万分的小心。"遽扑之"：又一次高速出击，迅捷异常。"拈、灌"：动作趋缓，继续小心谨慎，唯恐有失。"逐"：再次快速奔跑甚至跳跃追逐。

一连串的动词，均非常态化的行动，构成了"快进"和"慢放"的不断交替，不但写出了成名捕捉蟋蟀的全过程，营造出极为逼真的现场感，而且张弛错杂，让读者跟着这些动作而紧张焦灼，感染力强。

7.第6段中，有关成名之子死而复生的描绘有两个版本。另一个版本表述为"夫妻心稍慰，但儿神气痴木，奄奄思睡。成顾蟋蟀笼虚，则气断声吞，亦不复以儿为念，自昏达曙，目不交睫。东曦既驾，僵卧长愁"。你觉得哪一种表述更符合情节发展和主题表达的要求？结合具体内容进行分析。

【提示】版本对比的价值既在于训练结合前后文分析相关情节的能力，也在于培养一种不唯书、不唯权威的阅读理念。答案可参考"文本解读"第二部分。

8. "壁上小虫忽跃落衿袖间"，是巧合，还是必然？

【提示】必然性内容。依旧呼应着"天将以酬长厚者"，成名不得不接受这份"酬答"。

9. 第8段的"后岁余，成子精神复旧，自言身化促织，轻捷善斗，今始苏耳。抚军亦厚赉成"，在另一版本中只表述为"由此以善养虫名，屡得抚军殊宠"。你更喜欢哪一个版本的内容？结合具体情节分析。

【提示】训练点同7，答案可参考"文本解读"第二部分。

10. 第9段中，蒲松龄为我们提炼出哪些主题意义？结尾句的"人"和"鸡犬"分别指代谁？

【提示】主题之一：天子一跬步，皆关民命，不可忽也。主题之二：天将以酬长厚者。"人"和"鸡犬"的指代，从表面上看似乎分别是成名和抚臣、令尹，实际上地位被抬升的是那只蟋蟀，因为蟋蟀飞升至皇帝处，成名们都得到了好处，故而成名和抚臣、令尹都是"鸡犬"。

（以上内容为第二课时。）

第三课时

（一）创设情境，明确任务

1. 毛泽东在《湖南农民运动考察报告》中指出："政权、族权、神权、夫权，代表了全部封建宗法的思想和制度，是束缚中国农民的四条极大绳索。"这一观点后来被众多学者用作解读旧时代农民命运的重要理论依据，比如《祝福》中的祥林嫂之死。在成名一家的遭遇中，蒲松龄为我们呈现的是哪几条绳索呢？我们是否也可以学习毛泽东主席的概括方法，透过具体故事而提炼出抽象的概念？

2. 明确本课时学习任务。

（1）借助不同学习内容的对比，感知小说的社会批判性。

（2）鉴于当今学生生命意识淡泊，结合相关情节探究面对挫折时的不同选择。

（二）合作探究，完成任务一

活动一：阅读下文，完成表格内容的填写。

宣宗（宣德）酷好促织之戏，遣使取之江南，价贵至数十金。枫桥一粮长，以郡遣觅得一头最良者，用所乘骏马易之。妻谓骏马所易，必有异，窃视之，跃出为鸡啄食，惧，自缢死。夫归，伤其妻，亦自经焉。

（吕毖《明朝小史》）

内　容	《明朝小史》	《促织》
人物		
环境		
矛盾冲突		
审美体验		
主题表达		

【提示】先自主阅读与思考，独立完成表格内容。再合作探究，修改完善。最后抽样展示，教师点拨。

【参考示例】

内　容	《明朝小史》	《促织》
人物	粮长夫妻	成名一家、里胥、令尹、抚军、皇帝、游侠儿
环境	宣宗好促织之戏	宣德间，宫中尚促织之戏
矛盾冲突	一次波澜	多次波澜，跌宕起伏
审美体验	悲剧	先悲后喜，本质上依旧为悲剧
主题表达	主题较为隐蔽，可多元解读	主题明晰，有直接点题的核心句，批判性强

活动二：由两个故事的对比，探究文言小说的相关特征。

【提示】注意引导学生先确立比较点，再围绕相关比较点进行分析提炼。

【参考示例】选材上，有生活原型，更多是艺术加工；人物塑造上，一主多次，塑造群像；环境描写上，有具体的时代背景，往往借前朝说事；矛盾冲突上，环环相扣，层层推进，跌宕起伏；审美体验上，以悲剧起，以喜剧收，用"大团圆"表达对美好生活的向往；主题表达上，或批判社会，或赞美真情，或揭露人性。

活动三：以《促织》为例，探究"大团圆"结局的价值意义。

【提示】需引导学生拓宽视野，将阅读过的多部作品结合在一起进行分析。一般而言，大团圆结局能够满足底层人民"善恶终有报"的善良心愿，给予苦难中的人民以渺茫的希望；缺点是构成灵魂的自我麻醉，放弃现实中的抗争，寄希望于外力或未来。

（三）走进作者，继续完成任务一

活动四：查阅资料，"认识"蒲松龄。

【提示】蒲松龄，山东淄州人，字留仙，一字剑臣，别号柳泉。自幼热衷功名，19岁参加科考，连中县、府、道三个第一，此后却屡试不第，无法实现功业之梦，只能在家乡开馆教学，过着清苦的塾师生活。长期处于社会底层的生活经历，使其有大量的时间和机会与同属底层的各色劳动者接触，看到了人世间太多的悲欢离合，亦对造成各种灾难的统治集团有了较为深刻的认知。

蒲松龄20岁左右开始创作《聊斋》，40岁左右基本完成，以后不断修改增补，直到病逝方止。《聊斋》收集了大量的民间神话传说，以狐仙鬼怪、鱼精花妖为主要形象，用以讽刺现实，寄托孤愤。正如自序所言："集腋为裘，妄续幽冥之录；浮白载笔，仅成孤愤之书。寄托如此，亦是悲矣。"

活动五:《促织》中有没有蒲松龄的身影？结合具体情节分析。

【提示】成名"操童子业，久不售"的身份，与蒲松龄相同。此外，作为全能视角的叙述者，蒲松龄对成名的性格以及内心情感的把握，也很大程度上源于自身对同类事件的理解和感悟。

（四）走进生活，完成任务二

活动六:《促织》中，成妻是一个重要角色。结合具体内容，简析该形象的作用。

【提示】1.情节转折的关键人物：在成名"忧闷欲死"时，鼓励成名自己寻找蟋蟀；在苦寻不得时，找驼背巫占卜，得到图纸；在成子误毙蟋蟀后，大骂儿子致使其投井自杀，然后化身为蟋蟀。2.与成名的迂讷无能形成对比。3.以其对儿子的态度，揭露苛政对人性的扭曲。

活动七:《促织》中几次提到"死"，从情节发展而言，死亡有价值吗？正确的方法是什么？

【提示】成名的两次"欲死"，体现的都是书生的无能。成子的投井，也不是解决问题的应有方法。比死亡重要无数倍的，是行动，用具体的行动想方设法改变命运。成子也只有化身蟋蟀这样的行动，才最终改变了一家人的命运。

（五）走进文化，强化主题认知

活动八：上一课时中，我们了解了《促织》结尾处的两种版本。蒲松龄手稿中，为何没有成子变身促织的交代？是情节设计上的疏忽，还是故意隐藏，或者是根本没有这样的构思？请从社会批判的角度合作探究。

【提示】可持各种理解，重在言之有物。相比较而言，蒲松龄原稿更具批判性，亦体现出死亡的无价值。从成名的"欲死"到成子的"死而复生"，都不是解决问题的应有方法。蟋蟀非成子化身，则表明其来自"天"。"天将以酬长厚者"，便让一只具有神性的蟋蟀来帮助成名。这一点，和《愚公移山》结尾处相似。

（六）拓展延伸，丰富文化积淀

活动九：中国古典文学作品中，始终存在着一个高踞万众之上的天神。请结合《窦娥冤》《促织》两篇课文，探究其形象特征，剖析该形象塑造的价值意义。

【提示】该活动课外完成。建议查阅相关资料，然后将其写成小论文。

第 19 讲　剥离荒诞，辨识人性
——《变形记（节选）》创意解读与教学设计

课程定位

　　与《促织》跌宕起伏的矛盾冲突相比，《变形记（节选）》的故事情节较为简单，亦缺乏对典型社会环境的描写，其人物形象也因为"异化"而变得模糊抽象。文本最独特的表达方式，在于无限丰富的心理描写。

　　入选教材的仅只是中篇小说《变形记》的第一部分，应从既有文本中捕捉信息，鉴赏人物，感知主题。切勿在新课伊始就将第二、三部分的内容直接告知学生，导致阅读中的先入为主。

　　《变形记（节选）》的学习任务可预设为：1. 提炼要点信息，透过荒诞的情节，认知格里高尔这一形象；2. 以"变形"（或"异化"）为关键词，解析作品中其他人物；3. 与《促织》形成群文互读，借助"人化为虫"的相同故事探究不同风格作品的多元差异。

文本解读

一、提炼要点，整体感知

《变形记（节选）》选自欧洲现代派文学宗师、表现主义作家卡夫卡的中篇小说《变形记》，为该作品的第一部分，共 29 个自然段。节选的内容以"变形"为线索，在结构上区分为四个部分：第一部分（1—6 段）写格里高尔发现自己变身为虫后的心理活动；第二部分（7—13 段）写格里高尔起床的过程；第三部分（14—23 段）写人物间的各种对话；第四部分（24—29 段）写格里高尔走出房间后发生的故事。

四部分内容中，格里高尔的"变形"存在着一个不断"去人化"的过程。最初，格里高尔虽变成了一只"大得吓人的甲壳虫"，但只是有了甲虫的外形，其思想完全属于人类；接着，格里高尔发现自己发出的声音"掺和着一种来自下面的、无法抑制的痛苦的叽叽喳喳声"，有了第一步的"去人化"；随后，格里高尔发现自身无法像人一样行动，只能用甲虫的方式起床，有了第二步的"去人化"；此后，格里高尔开始用甲虫的方式打开房门并试图和他人交谈，开始以甲虫的方式用很多的小细腿行走，并为这些细腿听自己的调遣而"多么高兴"，有了第三步的"去人化"；最后，格里高尔被父亲逼回房间，被强制隔断了与"人"的联系，成为家人眼中真正的甲虫，有了第四步的"去人化"。概括而言，即"去人形""去人语""去人行""去人权"。

二、突破难点，研磨细节

（一）格里高尔何许人也

如果将格里高尔变身为甲虫的各种荒诞信息剥离出文本，只关注卡夫卡以全能视角简笔勾勒的格里高尔的"人"的身份，可以发现格里高尔不过是芸芸众生中极为普通的一员。他出生在一个曾经富裕的家庭，服过兵役。五六年前，他父亲生意破产，欠了很多债。格里高尔开始担起家庭生活的重担，成为全家人的经济支柱。他在父亲的债主处工作，做旅行推销员，终日在外奔波，生活无规律，没有真正的朋友，时常处于烦躁或犹豫之中。但他心地善良，把一家人的快乐全部担在自己并不强壮的肩膀上……毫无疑问，格里高尔在单位里是个好职工，在家里是个好儿子、好兄长，在社会上也是一个好公民。

只是，这样的"四好"形象突然变成了一只甲壳虫，丧失了为老板卖力、为家庭谋利的能力，于是，格里高尔也就成了令人惊恐、厌弃的对象。几乎没有人在意他为何会变成一只甲虫。他的母亲被他吓破了胆，他的同事也被他吓得落荒而逃，他的父亲只用威吓将他逼回房间。

但他依旧想着必须去工作，想着"出门很辛苦，但不出门我活不了"，想着"不会辜负老板"，想着"为我的父母和妹妹担忧"，想着"很快摆脱困境"。他可以接受自己变成甲壳虫的事实，却无法理解他人的态度。对格里高尔而言，变的只是外形，其他的一切似乎皆未改变；对其他人而言，格里高尔变的不只是外形，还有其他的一切。

（二）格里高尔的希望与失望

有评论家认为，格里高尔之所以异化为一只甲壳虫，是因为他丧失了自我，注定会成为特定时代重压下的扭曲者与变形者。这样的评论并不公允，格里高尔以一己之力担起一个家庭的全部负担，在任何时代都不是一件应该被批评、被嘲讽的事。而且，这样的责任心也推导不出"丧失自我"的结论，毕竟，"自我"并非只体现为自身的利益得失，还应该指向心中的道德认知和价值诉求。

《变形记（节选）》中，格里高尔并不缺乏道德认知和价值诉求。

格里高尔当然希望生活在良好的环境之中，但父亲的破产让他丧失了"坐在自己的店里做生意"的权利，只能"成天都在奔波"，为了老板的业务而操碎了心。他也想让"这一切都见鬼去吧"，想"要是我多睡一会儿，把所有这些倒霉的事儿都丢在脑后，那该多好啊"。可惜的是，他没有权利选择自己的生活，他需要考虑父母的态度，需要攒够了钱还清父母的欠债。他憧憬着到了那个时候"就会一帆风顺"。他在自己已经变形为甲虫的事实面前并未为自身悲伤，反而担心协理先生为难自己的父母，甚至担心自己从床上掉下去，"背部落地时必定会发出一声巨响，这可能会使房门外的家人们即使不感到惊吓，也会产生忧虑"。他总担心会丢了工作，影响了一家人的生活，在成为甲虫后依旧竭尽全力想要去工作，凭自身的努力为一家人赢得未来。

格里高尔或许注定只能生活在希望与失望的交织之中，尤其是他成为一只甲虫之后。他想成为家庭的支柱，却变身而为家庭的负担；他想让家庭拥有美好的未来，却把一家人拖入无底的黑暗；他想拥有美好的亲情，却逐渐被亲人离弃；他想能依照自己的心愿生活，却无论是以人的身份还是以虫的身份都不得不屈从于各种各样的外部压力。

（三）格里高尔真的是一只甲虫吗

从《变形记（节选）》的 29 段文字看，格里高尔只是自己觉得变成了一只甲壳虫，这个新身份并未得到其他人的认可与验证。格里高尔这只甲壳虫，"脊背坚硬，犹如铁甲"，"肚子高高隆起，棕色，并被分成许多弧形硬片"，"身体宽得出奇"，上半身长了"许多与他原来的身躯相比细得可怜的腿脚"，且这些细腿"不停地做着许多动作，控制不住"。而它的下半身似乎很抽象，只是感受到剧痛，并无具体的形状。小腿依旧存在，但"小腿的脚掌带有些许黏性物质"。至于它的头，似乎依旧属于人形，但没有了真正的牙齿，下颚非常结实，口腔中会流出棕色的液体……很显然，没有任何一只甲壳虫会长成这样。格里高尔变化成的不过是一个有着乌龟一样的甲壳，有着蜈蚣般的许多腿脚，却依旧具有人的两条腿，或许也依旧具有人的头部形态的怪物。

比上述各种肢体细节更重要的是，格里高尔变成的这只甲壳虫没有翅膀。这是一个极为有趣的细节，如果格里高尔真的是变成了一只甲壳虫，他便必然存在着一双能够飞翔的翅膀，但他只关注到自身外形的变化，只关注到无数的细腿，却没有意识到厚甲壳中还有一双能够帮助自己摆脱各种束缚的翅膀，这便值得深刻思考了。当然，如果他只是上半身多了一个甲壳，只是生出了许多并不听从指挥的细腿，却没有翅膀，也失去了能够劳动和创造的双手，甚至丧失了能够咀嚼的牙齿和能够行走的健康的双腿，那么他的甲壳不过是一件无法挣脱的羁绊物，他也只不过是一只有着沉重的甲壳，却没有翅膀，没有双腿，没有双手，没有牙齿，不能正常表达的"异化物"。这样的"异化物"显然无法独立生存于世界。

教学设计

设计理念

"长文短教"离不开一个带动全文的抓手，《变形记（节选）》的抓手便是"变形"（或"异化"）。与《促织》等神话或寓言故事相比，《变形记（节选）》的离奇情节更多指向人类自身的扭曲与变形，在外部形象的"异化"中表达出对现实人生的独特认知。指导该文的自主学习与探究时，不在具体细节上耗费时间，只重点认知作品中的情节与人物。借助预设的问题和活动，发现荒诞背后藏匿的人生之痛，理解表现主义文学的独特风格。

一、教学目标

● 基础目标：

1.提炼要点信息，透过荒诞的情节，认知格里高尔这一形象。

2. 以"变形"（或"异化"）为关键词，解析作品中的其他人物。

● 核心目标：

3. 与《促织》形成群文互读，借助"人化为虫"的相同故事探究不同风格作品的多元差异。

● 拓展目标：

4. 查阅资料，了解卡夫卡和表现主义文学的创作风格。

四项目标中，目标 1、3 为教学重点，目标 3 为教学难点。

二、教学流程

第一课时

（一）创设情境，明确任务

1. 中国古典文学中，有很多看似美好实则悲惨的"化身"故事，比如女娲化身为精卫，望帝化身为杜鹃，梁祝化身为蝴蝶，成名的儿子化身为蟋蟀……这些"化身"，很大程度上来自后人对美好被毁灭的不接受，便借助神话的方式为其添加一个相对美好的结尾。西方现代主义文学作品中也在塑造"化身"故事，只是，他们的"化身"和我们存在着太大的差别。谁能说说看，与我们的各种"化身"故事相比，《变形记（节选）》中的"化身"有哪些独特的地方？

【提示】新课开始，即通过创设特定的学习情境，引出陌生化的问题，既可快速激活学习思维，又能明确学习方向和学习重点。

提出问题后，先让学生短暂思考，然后自由交流，再抽样呈现讨论的结果。教师需引导学生关注如下信息：我国的神话故事中，"化身"往往赋予主要形象以超能力，使其能够完成作为人时无法完成的事；《变形记（节选）》中的"化身"没有丝毫浪漫的成分，"变形"反而使主要人物丧失了人的正常能力。我们的神话充满浪漫主义色彩，《变形记（节选）》中的"化身"侧重表达现实人生的沉重。我们的神话以观赏者视角将"化身"

唯美化,《变形记(节选)》中的"化身"从当事人视角表达"化身"的各种不适应……

2. 明确本课时学习任务。

(1)提炼要点信息,用最精要的语言概括故事情节。

(2)透过荒诞的情节,认知格里高尔等人物形象。

(二)走进文本,完成任务一

活动一:各用一句话,概括每个段落的核心内容。

【提示】该活动旨在进一步强化文本的深度阅读。具体操作时,先自主完成,再合作探究,不强调要点的一致性。可采用填表方式进行,表格最好设计为两列,即一列标注段落,另一列提炼核心内容。下表为节约空间,设计成四列。

【参考示例】

段 落	核心内容	段 落	核心内容
1	格里高尔发现自己变成了甲壳虫	2	格里高尔的身份及房间陈设
3	格里高尔的心理活动与身体感受	4	格里高尔的心理活动与身体感受
5	格里高尔的心理活动	6	格里高尔的心理活动
7	家人催促格里高尔起床	8	格里高尔认为变身甲虫是自己的幻觉
9	格里高尔无法起床	10	格里高尔为起床而努力
11	格里高尔为起床而努力	12	格里高尔起床过程中的心理活动与行动
13	格里高尔起床过程中的心理活动与行动	14	公司来人调查格里高尔迟到的原因,格里高尔终于从床上翻到地下

段　落	核心内容	段　落	核心内容
15	对话及格里高尔的心理活动	16	父母、协理以及格里高尔间的对话
17	格里高尔的心理活动，期望被理解	18	协理的不满与指责
19	格里高尔对协理指责的回答	20	格里高尔试图站起来，去赶八点钟的火车
21	家人听到格里高尔声音的反应与表现	22	格里高尔宽慰于自己又被纳入人类的圈子
23	格里高尔打开房门的全过程	24	他人见到格里高尔后的反应
25	格里高尔眼中的外部世界景象	26	格里高尔的灵魂独白
27	协理被吓跑	28	格里高尔的担忧以及母亲的表现
29	父亲把格里高尔逼回房间		

活动二：以"变形"为线索，依照上表的要点信息，将29个段落归纳为几个不同的部分。

【提示】第1—6段写格里高尔发现自己变身为虫后的心理活动，第7—13段写格里高尔起床的过程，第14—23段写人物间的各种对话，第24—29段写格里高尔走出房间后发生的故事。

活动三：用最精要的语言，概括《变形记（节选）》的主要情节。

【提示】概括时，一是注意信息完整性，二是注意表达连贯性，三是注意主体的一致性。

【参考示例】一天早晨，某公司的旅行推销员格里高尔·萨姆沙从睡梦中醒来，发现自己变成了一只巨大的甲虫。当他准备起床上班时，却发现身体根本无法控制。他非常着急，想出各种方法、用了很长时间才从床上摔落到地毯上。这个过程中，他的母亲、父亲、妹妹以及随后来到家里的公司协理都在催促他上班。最后，当他终于费尽了力气打开了房门，他的形象立刻吓跑了公司协理，吓晕了母亲。父亲则厌恶地发出嘘声，恶狠狠地把他赶回了房间。

（三）合作探究，完成任务二

活动四：从课文中筛选相关信息，为格里高尔制作一份简历。

【提示】该活动重在训练筛选提炼有效信息的能力。这些信息散落在文章的诸多段落中，需提炼后依照简历的应有格式重新整合。

【参考示例】姓名：格里高尔·萨姆沙。籍贯：不详。出生年月：不详，约为公元 1900 年前后。职业：某公司旅行推销员。性格：能吃苦，有担当，不满于现状但为了一家人的生存而竭尽全力地工作。家庭成员：父亲、母亲、妹妹。主要经历：成年之前，生活在富裕家庭；成年后服兵役，官至少尉；退役后在自家店里做生意；五六年前父亲破产，店被抵押，为了帮助父母还债，给他人打工，推销布料；一天清晨，突然变成一只甲壳虫。

活动五：根据筛选出的信息，概括格里高尔的形象特征。

【提示】除了需要关注格里高尔的各种性格之外，更要引导学生关注其被沉重的生活绑架，不能依照自己的心意生活。格里高尔变成的甲壳虫身上的厚重的、令他无法行动的甲壳，正是他终日需要面对的生活。

活动六：从作品中选择另一个形象，结合具体内容进行赏析。

【提示】另外四个形象中，协理代表的是资本方的利益，形象较为平面化，难以解读出深度。家庭中的几个人，妹妹的形象也较为单薄。最值得挖掘的是父亲的形象。在这位父亲的心目中，格里高尔就是一台拼命挣钱帮助其还债，还要让他过上好日子的机器，当格里高尔变成甲壳虫后，他不是为儿子的身体担忧，而是竭尽全力将其赶回房间，并将门关上。

（四）拓展训练，深化理解

活动七：合作探究，格里高尔为何会变身甲壳虫？从荒诞或神话的角度而言，他还可以变身为哪些小动物？

【提示】格里高尔变身而成的甲壳虫，并非要用一个坚硬的壳将自己保护起来，而是借以象征沉重的生活负担和精神负担。这个壳让他无法行动，让他丧失作为人的各项能力。

交流发言时，学生如果举出蜗牛、蟾蜍之类的小动物也未尝不可，但必须解读出不堪重负的心理特征。

第二课时

（一）创设情境，明确任务

1.格里高尔异化成了一只甲壳虫，丧失了上班挣钱养家糊口的能力，也丧失了与人类正常交流的能力，于是只能困守在自己的房间中。他会在下一个夜晚回归人的形象吗？他的家人又会如何对待他？这些都是课文留给我们的疑问，也是我们这节课需要破解的学习密码。

2.明确本课时学习任务。

（1）了解卡夫卡，了解表现主义文学的创作风格。

（2）与《促织》形成群文互读，借助"人化为虫"的相同故事探究不同风格作品的多元差异。

（二）走进文本，寻找密码

活动一：问题探究，格里高尔真的变成一只甲壳虫了吗？

【提示】该问题或许会超出学生的认知水平，教学时可将其分解为如下几个小问题，形成一个逐层深入的问题链：

1.你见过甲壳虫吗？它有哪些特征？

2.格里高尔这只甲壳虫与我们见过的甲壳虫的最大区别是什么？

3.课文是如何描绘格里高尔这只甲壳虫的？

4.格里高尔异化成的真是甲壳虫吗？

5.格里高尔这只甲壳虫为什么没有翅膀？

此处的五个问题中，后三个是解读格里高尔形象的重点。有学者认为格里高尔这只甲壳虫没有意识到自己有一双能够飞翔的翅膀，体现了现代人在利益追逐中的自我迷失。此种观点看似新颖，其实经不住推敲。格里高尔异化成的并非"甲壳虫"，而是一只有着厚重甲壳的虫子。

活动二：故事续写，格里高尔此后的人生经历。

【提示】教师不要作任何暗示性提示，应放手让学生自由设计故事情节。如果学生将格里高尔的异化写成短期现象，将他设计为在家人照顾下恢复了人的形象，需安排学生陈述理由。该问题既可检测学生的文本续写能力，也可检测其对既有文本的深度理解能力。

学生写作时，教师巡视，注意发现代表性的续写文本，为下一环节的交流作好准备。

活动三：班级交流续写的故事，组织点评，然后呈现《变形记》第二、三部分的梗概。

【提示】第二部分梗概：变成甲壳虫的格里高尔，虽已无法工作，却仍旧操心着家里的各种琐事，既想着父亲的债务，又想着将妹妹送到音乐学院。妹妹给他送来牛奶等食品，但格里高尔已不适应人类的食物，只喜爱腐烂的东西。他整天躲在阴暗的角落里或倒挂在天花板上，却依旧保持着人的心理特点和思维能力。一天，母亲来看他，看见正爬在墙上的格里高尔，被吓晕了过去。父亲非常恼火，用苹果砸伤了格里高尔的脊背。

第三部分梗概：因为格里高尔不能挣钱养家，一家人的生活日见困窘。女仆主动提出辞职。母亲和妹妹变卖了首饰，还腾出三间房子来出租。妹妹开始厌恶格里高尔，对他已不再同情，不再给他送食物。格里高尔因为饥饿和脊背上的伤而开始干瘪。有一天，爬出房门的他被房客们发现了，房客们趁机不交房租而离开。妹妹对格里高尔非常怨恨，一心想把他弄走。格里高尔也觉得自己成为一家人的累赘，他不再进食，一心想消灭自己。随后，格里高尔终于在极端的孤独中悄然死去。全家人如释重负，他们打算搬家，永远离开这座倒楣的房子。

活动四：合作探究，卡夫卡为何要让格里高尔以甲壳虫的形象死亡？格里高尔不死，或者恢复人的形状，行不行？

【提示】不强调答案的唯一性，重在依托情节探究作者的写作主旨。

（三）走进作者，完成任务一

活动五：查找资料，了解卡夫卡生平及其创作动因。

卡夫卡出生于奥匈帝国统治下的波希米亚（今捷克）的布拉格，父母都是讲德语的犹太人。父亲海尔曼原为乡下屠夫的儿子，依靠艰苦创业，白手起家，成为一个百货批发商。他由于未受过良好的文化教育，因而知识贫乏、头脑简单而务实，并且为人偏执、专横粗暴，在家庭中对妻子和孩子实行以"骂、威吓、讽刺、狞笑"为主要手段的家长式专制统治。卡夫卡一直生活在"专制犹如暴君"般的"父亲的阴影"中。

卡夫卡36岁时，曾战战兢兢地给父亲写了一封达几十页的长信，流露出对父亲的极端恐惧心理。在信中卡夫卡提到自己欣赏的一位犹太演员洛伊。父亲却以不屑一顾的语气和可怕的方式将那位演员比作一只甲虫。

活动六：查找资料，了解表现主义文学的创作风格。

表现主义是20世纪初至30年代盛行于欧美一些国家的文学艺术流派。第一次世界大战后在德国和奥地利流行最广。它首先出现于美术界，后来在音乐、文学、戏剧以及电影等领域得到重大发展。当表现主义和文学创作相结合时，便形成了表现主义文学。其代表人物就是卡夫卡，代表性作品就是《变形记》。

具有表现主义文学风格的小说，其人物和故事都是现实生活发生异乎寻常的变形或扭曲，用以揭示工业社会的异化现象和人失去自我的严重的精神危机。表现主义文学的主要特点为：凭借主观精神进行内心体验，并将这种体验的结果化为一种激情；舍弃细节描写，追求事物的深层"幻象"构成的内部世界；作品中的人物常以某种类型的代表或某种抽象本质的体现代替有个性的人；情节不连贯，发展线索不明晰；均以怪诞的方式表现丑恶和私欲的"疯人院"式的人世罪孽和无穷痛苦。

（四）走进文化，完成任务二

活动七：比较《促织》《变形记（节选）》，探究"人化为虫"背后的文化差异。

【提示】该活动需借助问题链实现任务分解，构建由浅入深的思维阶梯。

1.同样是"人化为虫"，在《促织》与《变形记（节选）》的矛盾冲突中分别发挥什么样的作用？

【提示】《促织》借"人化为虫"而"解决"矛盾，给无助的人们以希望；《变形记（节选）》借"人化为虫"而制造矛盾，让人们对这个世界失望。

2.两种"人化为虫"的背后，分别体现了什么样的民族文化心理？

【提示】《促织》体现中华文化中对"大团圆"的追求和向往，《变形记（节选）》体现着西方社会在经济高速发展背景下对人性的审视与反思。

3.透过"人化为虫"的荒诞，可以品读出什么样的共性化思想？

【提示】在极端艰难甚至黑暗的现实生活中，人的灵魂和肉体往往被扭曲、被变形或者被毁灭。唯有改变黑暗的现实，才能消弭各种异化。

（五）走进心灵，辨识人性

活动八：成名因为生活的重压而"惟思自尽"，格里高尔因为生活的重压而异化为甲壳虫。其实，人生在世，每个人都无法挣脱各种各样的压力。结束生命只是懦夫的消极逃避，将灵魂异化为虫亦是弱者的自欺与自弃。请以"成名（或格里高尔），我想对你说"为题，写一封信，结合课文中的相关情节，阐释你对生活重压的理解。

【提示】该活动课外完成。内容上要求结合课文相关情节归纳要点信息，然后融入自己的观点分析阐释。字数不要求太多，400字左右即可。需谨防脱离文本的唱高调。

实际授课时，若不安排该活动，也可将其替换为写一篇简短的文学评论，针对"人化为虫"这一主题，从中外文学中寻找更多的例证进行分析探究。

后　记

　　2019年秋，由我领衔的扬州市中学语文刘祥工作室有多位年轻教师参加市里的高中语文优质课教学竞赛。工作室教师之一、我所在学校的仇丹青老师抽签抽到的文本是蔡元培先生的《就任北京大学校长之演说》。我和工作室中有着丰富赛课经验的吴小丽老师一起协助她备课、研课。其时，我们认为该文本篇幅较长，且属文言文，又是借班授课，要想在一个教学课时内完成学习任务，只能大量舍弃学生通过自主学习可以理解的各种学习要素，集中力量突破自主学习中无法理解或理解出现偏差的那一部分内容。秉持"长文短教""深入浅出"的教学原则，我们建议其在利用"导学案"引导学生充分自主学习的基础上，由学生用书面表达的方式提出阅读中的各种困惑和思考，教师据此而预设一定量的问题和活动，带动整节课的学习。

　　此种构想在随后的竞赛中未能得到评委会的认同。评委会的意见是新一轮课程改革强调"情境创设"和"任务驱动"，必须将文本阅读与探究纳入特定的学习情境之中，且必须借助明确的任务指令引导学生自主发现或合作探究相关问题。评委会的意见，引起了我的重视。以此为开端，我和我的工作室成员开始从繁重的应试训练中抬起头颅，寻找新一轮课程改革背景下语文学科教学的应有之道。

　　2020年，先后观摩了几个大型教学竞赛活动，在见识了众多的标新立异的"情境""群文阅读""任务群教学"之后，我对"情境创设"和"任务群教学"中"驱动性任务"的设定等问题又有了新的想法。我以为，不管课程标准和教材如何变化，教学的最终落脚点都只能是文本。只有真正读懂了文本，才能将文本中的知识、能力以及生命养分转化为服务于学生终身发展需要的语文素养。而眼下热热闹闹的各种"情境化教学"活动，将学习注意力更多投入到"非真实"的情境创设和"隔靴搔痒"的驱动性任务中，总有一种华而不实、买椟还珠之嫌。

旧的已然打破，新的尚未确立。一段时间内，我和我遇到的若干位中学语文特级教师一样，都陷入了教学的茫然状态。彼此交流时，挂在嘴边的都是一句"越来越不会教书了"。

不会教了该怎么办？《国际歌》中说："要创造人类的幸福，全靠我们自己；我们要夺回劳动果实，让思想冲破牢笼。"也就是从那时开始，我决定以一己之力，对统编版高中语文教材中新增加的课文逐一进行解读和教学设计，希望能将语文教学拉回到踏踏实实地阅读和层层推进的思维训练中。

最初，我预设了一个宏大的写作框架，试图将必修教材的上下两册和选择性必修的上中下三册中的新增课文都纳入这部作品中，而且我给自己设限的完稿时间是 2020 年暑假结束。

当我真的开始逐个文本地品读并设计教学流程时，才感受到其中的艰难。为了相对公允地理解每一个文本，我需要阅读超过该文本数十倍甚至数百倍文字量的参考资料，还要对这些资料进行分析比对，再从中提炼出能够被高中生理解并接纳的内容。另外，每一篇课文的教学设计，也要考虑到不同类型的语文同行的接受能力，力求让绝大多数同行能够直接复制这些教学流程。如此，写作进度便明显慢了下来，暑假未能完成，寒假依旧未能完成。直到今天才终于在潇潇春雨的陪伴下完成必修教材下册最后一篇新增课文《变形记（节选）》的解读和教学设计。我决定暂时停笔，只将必修教材的这十九节课的解读和教学设计汇编成册。至于三册的选择性必修中的新增课文，其解读与教学设计姑且留给将来。

书稿写作过程中，我和我的工作室的教师们陆续组织了十余次的主题教研活动。我们时而探究"一课多篇"类课文的群文阅读教学之道，时而推敲经典课文在新一轮课程改革背景下的课程新定位，时而研讨不同类型文本在情境创设中的不同教学要求。每一次的主题教研，都会在一定程度上影响我对语文教学设计的思考，体现在这部书稿的各篇课文解读和设计中，便是后面文本的解读内容和教学课时设定都比前面的文本更丰富。也就是说，我对必修教材上册的解读和设计相对粗糙，比不上对必修教材下册的解读和设计。

写作这部书稿还有另一个原因：统编版教材中，《反对党八股》《说"木叶"》《心有一团火，温暖众人心》等作品在离开教科书十多年甚至三四十年之后，重新成为了中学生的必读课文。这些文本，八零后、九零后的教师没有接触过，不了解其独特的时代背景和特定的时代文化。六零后、七零后的教师虽与其有过接触，但时过境迁，文本承载的课程任务和育人目标也出现了较大的变化。至于《故都的秋》《荷塘月色》这类经典课文，在剥离了独立文本的资格之后，其组建起的群文阅读模式，也必然需要附加全新的教学意义。为了提醒各年龄段的语文同行正视这一轮的课程改革，避免其"穿新鞋，走老路"，用旧思想、旧教案统辖当下的新课程、新课改，我不自量力，试图用自己的文本解读和教学设计为当下的语文教学寻找一条应该行走的路径。我这样想，便这样去做。至于做出来的是否确有价值，只能依赖于语文同行们在具体的教学实践中检验证明。

今天，书稿终于完成。日日走过的河堤上，垂柳已满是鹅黄的新芽；郊野边零散的土地上，油菜花正在怒放。今年的春天来得似乎特别早，春节刚过，便满眼的生机盎然。在这个春天，我时常沐浴着微微细雨，背诵着《春》里"雨是最寻常的，一下就是三两天，可别恼，看，像牛毛，像花针，像细丝，密密地斜织着"，感受一份无法言说的美好与温馨。但愿我的这部作品，也能够像春风、似春雨，能为中学语文教学的百花园增添一份明艳、一份温暖、一份诗情画意。

2021 年 3 月 9 日于古镇真州